**墨香会计学术文库**

国家自然科学基金项目（70972114）
福建省高等学校新世纪优秀人才支持计划
中央高校基本科研业务费项目 **资助出版**

U0674944

# 信息不确定性、投资者行为与盈余公告后的漂移现象

## Information Uncertainty, Investor Behavior and Post-Earnings Announcement Drift

● 于李胜 著 ●

**东北财经大学出版社**
Dongbei University of Finance & Economics Press
大连

ⓒ 于李胜 2013

**图书在版编目（CIP）数据**

信息不确定性、投资者行为与盈余公告后的漂移现象 /
于李胜著．—大连 ：东北财经大学出版社，2013.7
（墨香会计学术文库）
ISBN 978-7-5654-1196-0

Ⅰ．信… Ⅱ．于… Ⅲ．金融市场-研究-中国 Ⅳ．F832.5

中国版本图书馆 CIP 数据核字（2013）第 115904 号

东北财经大学出版社出版
（大连市黑石礁尖山街 217 号 邮政编码 116025）
教学支持：（0411）84710309
营 销 部：（0411）84710711
总 编 室：（0411）84710523
网 址：http：//www. dufep. cn
读者信箱：dufep @ dufe. edu. cn
大连图腾彩色印刷有限公司印刷 东北财经大学出版社发行

幅面尺寸：148mm×210mm 字数：156 千字 印张：6 5/8
2013 年 7 月第 1 版 2013 年 7 月第 1 次印刷

责任编辑：李智慧 张晓鹏 责任校对：赵 楠 刘 洋
封面设计：张智波 版式设计：钟福建

ISBN 978-7-5654-1196-0
定价：26.00 元

## 作者简介

于李胜，教授，厦门大学管理学院会计系副主任。美国休斯敦大学（University of Houston）访问学者。2009年入选财政部全国会计（后备）领军人才（学术类第三期），2011年入选福建省新世纪优秀人才；中国会计学会会员、美国会计学会（AAA）会员、欧洲会计学会（EAA）会员，中国会计学会财务成本分会理事。近年来，曾先后在《管理世界》、《会计研究》、《金融研究》、《南开管理评论》等期刊发表学术论文10余篇；主持教育部人文社科研究青年基金和国家自然科学基金青年项目各一项。2009年8月和2010年1月参加哈佛大学商学院案例教学培训项目（PCMPCL）。

作者感谢国家自然科学基金项目"信息操控、风险测度与盈余公告后的漂移现象（PEAD）（70972114）"、福建省高等学校新世纪优秀人才支持计划、中央高校基本科研业务费项目"非金融企业套期保值行为及监管模式研究"的资助。

# 前　言

本书首先从信息扩散理论出发，构建了一个研究 PEAD 现象的分析框架。从理论上看，信息不完全性可能是 PEAD 现象产生的一个基础性因素，而投资者行为的差异可能改变了 PEAD 的相关形态。就我国实际情况而言，我国上市公司的信息质量良莠不齐，财务信息造假是一个相对普遍的现象；同时，我国的资本市场已经由散户主导转变成散户和机构投资者共同参与且机构投资者具有引导作用的市场。另外，我国的散户投资者存在诸多认知偏差，如"过度自信"、"代表性偏差"、"锚定心理"等，而机构投资者表现出更多的羊群效应。上述这些特点决定了我国资本市场中的PEAD 与其他国家相比有着特殊的形式。在分析完理论和我国现实约束条件后，本书对国内外关于盈余公告后的漂移现象的研究进行了全面的回顾。在此基础上，又对我国资本市场盈余公告后的漂移现象进行了全面的描述和分析，并与国外相应的研究进行对比，总结出了我国 PEAD 的特点。最后，分别从信息不完全性、投资者行为和投资者注意力的角度进行实证分析，对我国 PEAD 的特点进行了解释。

本书的研究结论主要表现在三个方面：

第一方面是对我国资本市场上盈余公告后的漂移现象（PEAD）的特征描述，具体结论如下：①未预期盈余对 PEAD 的大小有着重要影响，未预期盈余的程度越高，PEAD 越大；②市场对好消息和坏消息的反应不对称，对好消息反应平淡，对坏消息反应剧烈；③盈余公告后好消息和坏消息的投资组合都出现反转现象，但坏消息投资组合的反转现象更明显。

第二方面是上述特征产生的原因，具体表现在：

（1）研究发现，未预期盈余与 PEAD 之间的关系实际上受更

1

深层次的因素——信息不确定性的影响。信息不确定性程度越高的公司，未预期盈余的程度就越高，进而 PEAD 也比较大。这说明信息不确定性是影响 PEAD 产生和持续的深层次原因之一。

（2）市场对于好消息反应平淡，是因为以基金公司为代表的机构投资者持有的股票中，多数具有利好消息。这些投资者通常是价值投资者，其持有的股票基本为绩优股，因此会长期持有这些组合，故对公司公布的利好消息反应平淡；散户投资者通常跟随机构投资者而动，相应的买卖行为也减少，因此整个市场对于好消息反应平淡。市场对于坏消息反应强烈，是因为如果机构投资者持有的股票公布了坏消息，说明机构投资者对这些企业盈余预测有偏，为避免损失，此时机构投资者会积极卖出相应股票，由于资金量大会引起相应股价持续下跌，而散户由于具有代表型偏差以及损失厌恶等原因，也会随之抛售相应股票，从而市场表现为对坏消息反应剧烈。

（3）盈余公告后的反转现象主要是由以基金公司为代表的机构投资者的投资行为引起的。由于我国机构投资者具有明显的羊群效应，当出现较大的正的未预期盈余或负的未预期盈余时，他们会积极地买入或卖出股票。由于资金量较大，会出现股价持续下跌或上涨的态势。而散户投资者由于具有代表型偏差，认为股价持续上涨意味着有巨大的利好消息，而股价持续下跌意味着较大的利空消息，所以他们也会积极地买入或卖出相关股票。这又进一步推动了股票的价格上涨和下跌，最终导致了过度反应。又由于上述（2）说明的原因，所以盈余公告后坏消息投资组合的反转现象更明显。

第三个方面，投资者注意力是影响 PEAD 产生与发展的重要因素。Hirshleifer Lim 和 Teoh（2009）提出了"注意力分散假说"，认为无关信息的同时出现会分散投资者有限的注意力，注意力的分散使得市场不能对相关信息做出及时的反应，注意力是导致反应不足的原因。Hirshleifer，Lim 和 Teoh（2009）研究的焦点集中在无关信息对相关信息的影响方面，本书将研究的重心放在相关信息对相关信息的影响上。另外，Hirshleifer，Lim 和 Teoh（2009）的研究关注的是信息整体对投资者注意力的影响，我们关注的是信息各组成部分对投资者注意力的影响。L. Peng，W. Xiong（2005）将企业公告的信息分成市场层面、板块层面和公司层面三个部分，他们的模型表明，注意力的有限性使得投资者将更多的注意力分配到市场和板块层面，而忽视了公司层面。根据这一逻辑，信息竞争性披露的增加使得投资者注意力有限的矛盾更加突出：一方面，促使投资者更倾向于处理市场和板块层面的信息；另一方面，进一步降低了投资者对公司层面的信息的处理能力。当公司层面的信息在市场定价中起主导作用时，信息竞争性披露的增加会伴随着投资者市场反应的减少，这就是 Hirshleifer，Lim 和 Teoh（2009）提出的"投资者注意力分散假说"；当市场和板块层面的信息在市场定价中起主导作用时，信息竞争性披露的增加将提升投资者的及时市场反应，我们称为"投资者注意力分类聚焦假说"。我们的研究表明，多信息日投资者对未预期盈余的及时市场反应显著强于少信息日；从盈余公告后的漂移程度方面看，在多信息日公告盈余信息的企业，盈余公告后的漂移程度显著低于在少信息日公告的企业。这一研究结果验证了"投资者注意力分类聚焦假说"。此外，我们的研究还验证了 Morck et al（2000）"发展中国家产权保护比较弱，公司层面信息的可靠性差，因此股价对公司层面信息的反应较少"的论断。

于李胜<br>2013 年 4 月

# 目 录

**1 引 言** ……………………………………………… 1

**1.1** 问题提出及研究意义 …………………………… 1
**1.2** 研究思路及章节安排 …………………………… 5
**1.3** 研究结论及贡献 ………………………………… 8

**2 理论框架** ……………………………………… 12

**2.1** 有效市场理论及其批判 ………………………… 12
**2.2** 信息扩散理论在 PEAD 中的应用 ……………… 16
**2.3** 小 结 …………………………………………… 30

**3 我国资本市场的信息质量和投资者
行为现状分析** …………………………………… 33

**3.1** 信息质量 ………………………………………… 33
**3.2** 投资者的行为 …………………………………… 45
**3.3** 小 结 …………………………………………… 58

**4 文献回顾** ……………………………………… 59

**4.1** 国外的相关研究 ………………………………… 59
**4.2** 国内的相关研究 ………………………………… 68
**4.3** 小 结 …………………………………………… 70

**5 我国证券市场 PEAD 的现象特征分析与
国际比较** ………………………………………… 72

**5.1** 我国 PEAD 的总体趋势 ………………………… 72
**5.2** 不同分类情况下的 PEAD ……………………… 79

5.3　与国外成熟市场的比较 ················· 87

5.4　小　结 ····························· 89

**6　信息不确定性和盈余公告后的漂移现象** ····· 91

6.1　相关实证检验 ······················· 91

6.2　小　结 ····························· 112

**7　投资者行为差异与盈余公告后的漂移现象** ···· 113

7.1　相关实证检验 ······················ 113

7.2　小　结 ···························· 129

**8　投资者注意力与盈余公告后的漂移现象** ····· 131

8.1　相关实证检验 ······················ 132

8.2　小　结 ···························· 171

**9　总　结** ···························· 176

9.1　主要结论 ·························· 176

9.2　研究不足及未来的研究方向 ············· 178

**主要参考文献** ························· 180

# 1 引 言

## 1.1 问题提出及研究意义

### 1.1.1 问题提出

我国资本市场经过十几年的发展，已经取得长足的进步。无论是制度建设还是参与者的类型都日趋完善和丰富。如何深化资本市场改革，进一步提高市场的有效性，成为监管层和学者关心的话题。这一目标的完成需要我们对我国资本市场有更深入、细致的研究和认识。盈余公告后的漂移（Post-Earnings Announcement Drift，PEAD）作为传统资产定价中的市场异象之一，为我们提供了一个很好的切入点。根据有效市场理论，上市公司发布盈余公告后，股价应快速、准确地反映相关信息。然而，大量的学者[①]发现，如果公司公布的业绩超出了投资者的预期，则股价会持续上涨；反之，如果公司公布的业绩未达到投资者的预期，则股价会持续下跌。这种漂移现象的存在说明资本市场的运行并不是那么有效，影响这一现象的因素必然也会对资本市场的有效性产生影响。因此，研究盈余公告后的漂移现象对我们理解微观资本市场的运行机制、市场有效性的边界等问题都十分有益。国内现有的关于 PEAD 的研究还处

---

① Ball 和 Brown（1968）、Beaver（1968）、Morse（1981）、Foster（1977）、Patell 和 Wolfson（1984）等学者都发现了盈余公告后的这种漂移现象。国内学者吴世农、黄志功（1997）、赵宇龙（1998）、程伟庆（2002）也发现国内存在类似现象。

于初级阶段，无论是研究方法的复杂程度，还是研究问题的深度和广度都显不足。希望在借鉴国内外研究经验的基础上，本书能够全面、深入地对我国的 PEAD 现象进行探讨。本书拟研究的问题是：我国上市公司盈余公告后的漂移现象有什么特征？根据现有的理论和我国的实际情况，如何解释这些特征？

## 1.1.2　研究意义

本研究的理论意义在于：①揭示了信息质量在提高资本市场有效性中的作用；②有助于理解不同市场参与者的行为对市场有效性的影响；③从资本市场的信息扩散角度理解 PEAD 现象，有助于我们深入理解价格发现机制，这对于我们认识资本市场、货币市场及其他相关市场的效率都有一定的借鉴意义。

从实证会计理论的角度看，本书从更一般的视角研究了会计信息对资本市场的影响。全面理解信息风险在资产定价中的作用能更好地预测新会计准则实施的效果。一个普遍的观点是：传统的学术研究不能和政策相关的研究统一起来。Schipper（1994）把此问题归结为会计学术研究主要在于调查和理解事物之间的关系，以及它们为什么这样。这种实证观点并不一定与准则制定者面临的规范问题相一致，而这些规范研究则直接为准则制定者提供了导向。例如，在会计事项确认和披露的选择中，准则制定者经常决定一个会计事项是否、何时以及如何确认和披露。在有效市场假说下，一个会计事项是否将被确认或披露，要比该事项何时以及如何被确认或披露重要得多，因为市场不会被披露的格式和方式所愚弄。然而，在一个有限、有效的市场中，如何披露可能会影响信息融入股价的速度，从而导致新的披露或确认标准对不同公司的影响具有差异。另一个例子是关于公平披露管制的。证监会强制公平披露的目的是为所有的投资者提供一个公平获取披露信息的机会，此政策的目的是用来提高信息环境标准和保护一些投资者（如个体投资者）。因为一般情况下，他们获取信息的速度比机构投资者之类的其他投资者慢，因此，公平披露管制可能会加快价格调整，使得市场能更快、更准确地对公司股票定价。

从金融学的角度看，PEAD 作为与传统的金融学理论相违背的一种市场异象，一直受到诸多学者的关注。PEAD 现象对市场有效性理论及传统的资产定价理论提出了挑战。所以深入认识和理解 PEAD 现象，有助于全面把握市场有效性理论。

从行为学的角度看，如何理解不同成熟度的投资者在市场中的表现是学者们非常关心的话题。同时，投资者又是 PEAD 现象产生机理中的市场参与者或信宿，利用行为学研究 PEAD 现象是理解资本市场中不同投资者行为差异的重要途径之一。因为对于上市公司年报公布的盈余信息，不同成熟度的投资者会有不同的心理反应，而这些心理的差异最终会体现为行为上的差异。因此，理解这些差异对于我们从行为学的角度把握 PEAD 这种市场现象有所裨益。

本研究的现实意义在于：首先，对于我们理解我国资本市场的一些反常现象有所裨益。我国资本市场上一直存在一些令人费解的现象，比如"年报见光死"。从 2004 年公布的首份年报峨眉山 A 到 2008 年的卧龙地产，"年报见光死"年年上演。卧龙地产 2007 年实现净利润 1.2 亿元，同比增长 69.79%，每股收益 0.364 元，公布业绩快报当日，公司股票一路走低直到最后跌停，而且第二日还连续跌停。又如，"首亏大涨"，从 2008 年 12 月 1 日至 2009 年 1 月 8 日，在此期间 123 家预增的公司上涨 17.13%，87 家预减的公司上涨 9.92%，96 家首亏的公司上涨 2.19%，也都跑赢大盘。对于这些反常现象，现有的解释主要是来自实务界，通常认为，利空出尽是利好，利好出尽是利空。但这种解释缺乏深刻的理论依据。我们认为，这些现象说明市场不仅看重盈余报告中的数字，还关注数字背后的相关信息，所以对这一问题不能单从年报公告这一时点来进行研究，还要将窗口提前至整个年度，从企业信息的生产过程以及企业这些信息与市场反应的互动过程来考察。

我们的研究还有利于回答会计信息是如何影响投资者的决策的。传统的分析性研究认为会计盈余数据不会产生真实的经济价值，因此认为会计信息的有用性值得怀疑[①]。Ball 和 Brown（1968）首次发现 PEAD 现象证明了会计信息的决策有用性。这对于会计理论研究的发展乃至会计学科的发展都具有重要的意义。然而，会计信息是如何影响投资者的决策的，现在的研究并没有给出很好的答案。我们认为，盈余信息的生产过程、内部结构以及披露过程产生的信息风险会对投资者预期产生这样或那样的影响，这些影响直接决定投资者的投资策略。

进一步，从企业的角度出发，研究会计信息在资本市场中的真实效应，将有助于了解企业微观层面的生产经营决策、投资决策是如何通过会计信息反映到股票价格中的。其中的逻辑是，企业的生产、经营决策和投资决策改变了盈余的结构和趋势，即改变了信息风险的来源、构成和变化，这进一步又会对投资者的预期和投资决策产生影响，进而影响企业的财富。

同时，信息质量对市场的有效性程度有着重要的影响，因此应加强会计准则的制定，使其更能真实地反映企业的经营状况；加强信息披露，使其更全面、及时地反映企业的全貌，以及加强对企业盈余操纵行为的监管和处罚，使会计信息质量得以充分保障。这些对于塑造一个良性运作的资本市场有着重要的意义，是市场有效性不断增强的必要条件。此外，大力培育机构投资者，积极推行对散户的投资教育，是提高市场有效性的助推器。由于机构投资者具有

---

① 在实务中，会计人员要处理并购、租赁、研发、价格杠杆的变动、税收费用等各类问题，而会计又缺乏一个全面完整的理论框架，这导致了会计实务处理中众多不一致的现象，所以说，会计盈余实际上是由一些不同性质的内容组成的，就好像27张桌子和8张椅子之间存在的差异一样，这也是为什么说会计盈余是没有意义的原因。在这种观点下，会计盈余只是一套程序运作的结果，不具有真实的经济价值（Ball 和 Brown，1968）。

专业的投资分析能力，在选取股票时较散户相对成熟和理性，这样容易形成优胜劣汰的良性循环机制，把盈利水平低、信息质量差的企业逐渐淘汰出局，进而随着证券市场的基石——上市公司质量的不断改善，我国资本市场的有效性会进一步增强。

对 PEAD 现象的研究在一定程度上还为市场参与者（投资者和投机者）的市场盈利策略和手段提供了指导。市场参与者一旦认识到信息质量和投资者成熟度会影响企业价值，他们在进行投资决策时，就会慎重考虑这两个因素的作用，以提前捕捉到具有投资价值的股票，从而获得超额收益。此外，我国的证券市场发展历史较短，投资者的投资理念尚不够成熟，而证券市场上的各种投机和违规行为又极易对广大投资者特别是中小投资者造成伤害，因此理解不同成熟度的投资者的心理和行为差异，对于理解市场的价格波动和保护广大的中小投资者有着重要的现实意义。

## 1.2 研究思路及章节安排

本书从有效市场理论等经典金融理论出发，在批判这些理论不足的基础上，建立了以信息扩散理论为基础的分析框架，然后分别从信息不完整性和投资者有限理性两个角度分析了二者对市场异象的影响。在理论分析的基础上，本书从信息质量差异和投资者行为差异两个角度对我国特有的约束条件进行了分析，并针对我国盈余公告后的漂移现象进行了研究。首先，对国内外盈余公告后的漂移现象（的研究）进行了全面的文献回顾，在此基础上，本书对我国资本市场盈余公告后的漂移现象进行了全面的描述和分析，并与国外相应的研究进行对比，总结出我国 PEAD 的特点。最后，分别从信息不完整性和投资者行为角度进行实证分析，对我国 PEAD 的特点进行解释。

本书各章内容安排如下：

第 2 章构建了全书的理论框架。本章首先分析了传统的有效市场理论在解释 PEAD 现象方面的不足，然后从信息扩散论的角度分析了信源、信宿对 PEAD 的影响，这里主要从信息不完全性和投资者有限理性两个角度进行分析。作为信源的会计信息具有不完全性是资本市场的必然结果，将导致未来状况的不确定性和价格信息的不确定性。这使得投资者不能完全认知所处的经济环境，一定程度上造成了风险溢价或估计错误，导致了 PEAD 现象的产生；同时，信息不完全性还增加了资本市场的交易成本，又进一步影响了信息扩散过程的持续性。投资者的有效理性如代表性偏差、可得性偏差、锚定等都反映投资者的认知判断被"锚定"在由于过去的典型事件或经验所得而确定的某种信念上，产生非贝叶斯法则所能预期的偏差，从而产生市场行为的过度自信和过度反应、保守主义和反应不足。

第 3 章是对我国资本市场信息质量和投资者行为现状的分析。本章从我国的实际出发，分析了我国资本市场中信息质量和投资者特征的现状，以期发现研究 PEAD 现象的现实约束条件。从信息质量方面来说，我国会计准则经过十几年的建设，已经达到一个较高的水平。然而，我国企业的会计信息质量却不容乐观，会计信息失真成为资本市场一个普遍现象，信息质量不高成为影响市场盈余的重要原因。从投资者角度看，我国个体投资者在投资行为上存在诸多的认知偏差，如"确定性心理"、"损失厌恶心理"等，这些认知偏差使得个体投资者的投资行为更多地表现出"卖盈持亏"的特征。我国的机构投资者还有许多市场异化行为，具体表现在：①存在（或曾经存在）操纵市场的行为；②存在明显的羊群效应。这些行为使得投资者对于盈余公告具有不同的表现。

第 4 章是文献回顾，通过对国内外相关研究的梳理，试图发现现有研究的不足。本章从 Ball 和 Brown（1968）的研究谈起，将对 PEAD 的研究分成三个阶段：第一阶段从 1968 年至 20 世纪 70 年代末 80 年度初，是 PEAD 存在性的证明阶段，具体表现在研究数据的细化、研究对象的扩展、研究思路和研究内容的深入等方面。第二阶段从 20 世纪 80 年代至 90 年代中后期，是对 PEAD 的初步解释阶段，相关的解释主要有：CAPM 模型不完善或存在估计偏误、滞后的价格反应等。第三阶段从 20 世纪后期至今，是解释深化期，主要是从投资者行为角度进行解释。最后本章又对国内相关文献进行了回顾。

第 5 章对我国证券市场 PEAD 现象的特征进行了详细的分析与国际比较。本章通过对 1999—2003 年的上市公司盈余公告后的漂移现象进行描述分析，发现我国资本市场的 PEAD 现象存在以下两个特征：市场整体上对于好消息反应平淡，对于坏消息反应剧烈；无论是好消息的组合还是坏消息的组合，在盈余公告后都会出现不同程度的反转现象。

第 6 章主要从信息不确定性的角度出发，实证检验信息不确定性在 PEAD 产生中的作用。本章先考虑了信息不确定性与未预期盈余之间的关系，在此基础上进一步考察信息不确定性对累计超常收益率的幅度和漂移长短的影响。

第 7 章主要从投资者行为差异的角度，分析不同的投资者对于 PEAD 的影响。本章首先分析了以基金公司为代表的机构投资者重仓持有的股票组合和非机构投资者重仓持有的股票组合的 PEAD 差异，并进一步考察了稳健型投资者对 PEAD 的影响，在此基础上，进一步分析了机构投资者行为对 PEAD 的影响。

第 8 章主要是从投资者的注意力角度，分析信息披露对 PEAD 的影响。我们首先从总体上观察，信息披露数量的多少对投资者注意力的影响，进而对 PEAD 的影响。在此基础上，我们将披露信息分成相关信息与不相关信息进一步进行探讨。

第 9 章是全文的总结。本章在总结全文的基础上，提出了研究的不足及未来研究方向。

# 1.3 研究结论及贡献

## 1.3.1 研究结论

本书的研究结论主要表现在三个方面：

第一方面是对我国资本市场上盈余公告后的漂移现象（PEAD）的特征描述，具体结论如下：①未预期盈余对 PEAD 的大小有着重要影响，未预期盈余的程度越高，PEAD 越大；②市场对好消息和坏消息的反应不对称，对好消息反应平淡，对坏消息反应剧烈；③盈余公告后好消息和坏消息的投资组合都出现反转现象，但坏消息组合的反转现象更明显。

第二方面是上述特征产生的原因，具体表现在：

（1）本研究发现，未预期盈余与 PEAD 的关系实际上受更深层次的因素——信息不确定性的影响。信息不确定性程度越高的公司，未预期盈余的程度就越高，进而 PEAD 也比较大。这说明信息不确定性是影响 PEAD 产生和持续的深层次原因之一。

（2）市场对好消息反应平淡，是因为以基金公司为代表的机构投资者持有的股票中，多数具有利好消息。这些投资者通常是价值投资者，其持有的股票基本为绩优股，因此会长期持有这些组合，故对公司公布的利好消息反应平淡；散户投资者通常跟随机构投资者而动，所以相应的买卖行为也减少，因此整个市场对好消息反应平淡。市场对坏消息反应强烈，是因为如果机构投资者持有的股票公布了坏消息，说明机构投资者对这些企业盈余预测有偏，为避免损失，此时机构投资者会积极卖出相应股票，由于资金量大会引起相应股价持续下跌，而散户由于具有代表性偏差以及损失厌恶等原因，也会随之抛售相应股票，从而市场表现为对坏消息反应剧烈。

（3）盈余公告后的反转现象主要是由以基金公司为代表的机构投资者的投资行为引起的。由于我国机构投资者具有明显的羊群效应，当出现较大的正的未预期盈余或负的未预期盈余时，他们会积极地买入或卖出股票。由于资金量较大，会出现股价持续下跌或上涨的态势。而散户投资者由于具有代表性偏差，认为股价持续上涨意味着有巨大的利好消息，而股价持续下跌意味着较大的利空消息，所以他们也会积极地买入或卖出相关股票，这又进一步推动了股票的价格上涨和下跌，最终导致了过度反应。又由于上述（2）说明的原因，所以盈余公告后坏消息组合的反转现象更明显。

第三个方面是投资者对未预期盈余的敏感性随着竞争性信息数量的增加而增强，而盈余公告后的漂移程度则随竞争性信息数量的减少而降低。当我们进一步将竞争性信息分为相关信息和无关信息后，发现相关信息数量的增加会增强投资者对未预期盈余的反应，而无关信息则降低投资者的反应，并且总体上，相关信息的影响大于非相关信息的影响。这一结果综合表明，当竞争信息披露增多时，带来相关信息的增多，相关信息增多提高了投资者分类认知效率，有助于投资者对公司盈余信息的充分理解，使市场及时反应增强，公告后的漂移减小。

## 1.3.2  研究贡献

本书的研究贡献主要体现在以下几方面：

首先，本书从信息扩散论的角度建立了一个研究我国 PEAD 现象的分析框架。

其次，本书对我国上市公司年报公告后的漂移现象进行了全面细致的描述和分析，并与国外相应的研究进行了比较，发现了我国证券市场 PEAD 现象的特征。

再次，本书结合相关理论和我国制度背景，对上述 PEAD 的特征进行了分析和论证。研究结果表明：信息质量和投资者成熟度的差异是形成这些特征的重要原因。具体体现为上市公司的信息质量影响着企业未预期盈余数值的大小，进而对漂移的幅度产生影响；而投资者的成熟度是影响盈余公告后好消息与坏消息投资组合PEAD幅度和反转程度的重要因素。

最后，我们研究了信息披露的相关性对资本市场信息传播效率的影响。根据《证券法》中关于信息披露的相关制度，所有的上市公司都必须在一定时间之前对外公布公司的盈余信息，同时披露的大量盈余公告为我们提供了一个检验竞争性信息对投资者行为和对市场效率影响的天然样本。大量的信息同时披露使得投资者注意力资源有限性的矛盾更加突出。为了解决这个矛盾，投资者通常利用分类认知方式提高认知效率。分类认知使得投资者将信息分成相关信息和非相关信息，相关信息越多，越有利于投资者提高认知效率，而非相关信息越多，越容易引起投资者注意力分散，降低认知效率。在我国，投资者的主体是散户，这些投资者信息的获取和分析能力较弱，更加依靠同行业或同板块的相关信息帮助理解公司的盈余信息。因此，我国资本市场中信息的溢出效应或者传递效应产生的信息相关性对市场的价格发现和信息传播效率有着更加突出的影响。过去的研究主要从单一企业的信息生产视角，静态地研究信息披露、信息质量是否能够促进资本市场的定价功能，鲜有从企业间信息披露行为的相互影响视角抑或信息披露的竞争性视角，动态地研究竞争性信息对市场价格的影响①。

同时，我们的研究对于理解我国以及国外其他资本市场上的信

---

① 这方面的研究大概可以分成三个方面，一是从信息披露的角度研究信息对资本成本的影响（Botosan，1997，2002；Welker，1995；Healy，Hutton 和 Palepu，1999；Bhattacharya，Daouk 和 Welker，2003；汪炜、蒋高峰，2004；曾颖、陆正飞，2006）。二是从信息质量的角度出发研究信息风险在市场定价中的作用（Easley 和 O'Hara，2004；O'Hara，2003；Leuz 和 Verrecchia，2004；Francis，J.，R. LaFond，P. Olsson and K. Schipper，2007；于李胜、王艳艳，2006，2007）。三是从信息竞争的角度研究信息风险对股票回报的影响，Francis，J.，R. K. Schipper and Linda Vincent（2002）研究了分析师报告作为竞争信息是否减少了盈余公告信息的有用性。我们的研究与他们不同，我们是同时发布盈余公告产生的信息竞争对市场定价的影响。

息披露及信息传导机制具有指导价值。国外现有的研究表明，尽管证券监管部门出台了相应的政策限制上市公司的集中披露行为，财务报告集中披露的现象在资本市场还是普遍存在的（Kross，1981；Givoly 和 Palmon，1982；Kross 和 Schroeder，1984；Begley 和 Fischer，1998 等）。公司为了弱化投资者对信息的消化、吸收与理解，以降低市场对公司相关信息的反应和股价的波动性，会选择其他公司披露重大消息的时间（Hirshleifer 和 Teoh，2004）或投资者注意力比较分散的日子披露坏消息（Vigna 和 Pollet，2005a）。我国资本市场财务报告集中披露现象由来已久，"前松后紧"现象非常明显，平均业绩"前高后低"，亏损年报集中在 4 月下旬（李筱强，2003）。为了使投资者能更充分地理解上市公司盈余公告的信息，上证所原则上每日安排不超过 50 家上市公司披露半年报，深市主板原则上每日最多安排 30 家上市公司披露半年报；对于年报，上证所每日最多安排 45 家上市公司公布年报，深交所每日最多安排 25 家上市公司公布年报。财务报告集中披露的现象在这些制度的约束下得到了一定程度的抑制，但并没有完全消失。现有的国内外研究只是发现了"好消息提前披露，坏消息推迟披露"这一披露规律，并试图通过这一规律来解释集中披露的原因，但尚未从投资者认知过程这一更直接的动因方面理解竞争性信息披露对投资者行为的影响。借鉴认知心理学有关注意力方面的研究，本书对竞争性信息披露的经济后果进行了深入的研究。

# 2 理论框架

盈余公告后的漂移（PEAD）是指在盈余公告后，如果未预期盈余是正的，则存在正的超常收益，股票价格将持续向上漂移；如果未预期盈余是负的，则存在负的超常收益，股票价格将持续向下漂移（Lihong Liang，2003）。其实质是市场上的投资者根据年报信息对股票价格进行调整的过程，是一个信息扩散问题。由于传统金融理论中信息完全与投资者完全理性的假定过于严格，经典资产定价模型无法有效解释这一现象。本章在分析了用有效市场理论解释该现象的不足之后，试图从信息扩散理论视角对这一现象进行阐释。

## 2.1 有效市场理论及其批判

现代金融理论最有力的假设是"有效市场假说"（Efficient Market Hypothesis），该假说是现代金融理论的理论基石之一，也是新金融理论与现代金融理论争论的焦点。有效市场假说认为股票和债券收益率是不可预测的，价格完全反映了所有可获得的信息。

有效市场假说是理性假设的最显著表现，在一个有效的市场中，价格能够完全反映资产的真实价值，因此在有效市场中资产价格不存在系统的错误定价。但是，近几十年的一系列理论和实证研究结果不断对有效市场假说提出挑战，以下在分析了有效市场理论后，将进一步分析该理论的不足。

## 2.1.1 有效市场理论

有效市场假说实际上指的是"信息效率"（Information Efficiency），即市场上交易的资产价格能充分、及时、准确地反映所有的相关信息。Fama（1965）在其经典文献中系统提出了有效市场假说（EMH），认为市场是一个鞅，或"公平博弈"，即信息不能被用来在市场上获利。Roberts（1967）根据信息集的不同内涵，区别了三个层次的市场效率，即"弱式效率"、"半强式效率"和"强式效率"，这种分类法被 Fama（1970）认可而成为经典。

"弱式效率"（Weak-Form Efficiency）认为价格反映了包含在历史价格序列中的所有信息，投资者不能通过分析历史价格获得超常收益率，这意味着技术分析无效。弱式效率是证券市场效率的最低程度。半强式效率（Semi-Strong-Form Efficiency）认为如果市场达到半强式有效，则分析资产负债表、利润表，宣布股利变化或股票拆细和其他任何有关公司的公开信息不能获得超常收益率，这意味着基础分析无效。半强式效率是证券市场效率的中间状态，证券价格已充分、及时反映了所有公开的信息。强式效率（Strong-Form Efficiency）认为市场参与者知道的有关公司的所有信息都已充分反映在股价当中，即使那些拥有优越信息的人也无法获得超常收益。强式效率是市场效率的最高程度。

20 世纪 70 年代以后有关 EMH 的研究更加广泛和深入。Fama（1992）归纳了 20 世纪 70 年代以后至 90 年代之前关于 EMH 方面的探索，对比以前关于 EMH 研究工作的流行分类，Fama 将分类作了如下调整：原来第一类的弱式检验主要研究过去收益的预测能力，现在则包括与收益可预测性有关的更广泛的检验。这类检验也包括用股利报酬率、利率等变量预测收益。由于 EMH 与均衡定价理论密不可分，讨论可预测性也包括资产定价模型检验和在检验中发生的一些异象（如规模效应），关于季节效应（如元月效应）和证券价格波动的研究也被包括在其中。第二类和第三类包括的范围不变，但建议更换名称，半强式检验改为更普通的名称即事件研究，强式检验改为更具有描述性的名称——内幕消息检验。

然而随着对 EMH 研究的不断深入，众多学者发现了一系列与有效市场理论和现代金融资产定价理论相违背的市场异象，主要有规模效应、价值效应、惯性效应和反转效应以及 PEAD 现象。而 PEAD 现象实际上是对半强式有效市场假设的一种否定。因为根据半强式有效市场假设，盈余公告后，价格应快速、正确地反映资产价值的信息并将该信息融入价格中，价格要独立于时间变化之外。但在 PEAD 现象中，价格并没有迅速反映盈余公告的信息，而是经过一段时间的调整才将所有的信息反映在股价中。自从 Ball 和 Brown（1968）首次发现这一市场异象后，几十年来各国学者的研究都在试图证明这种现象的存在。

## 2.1.2　有效市场理论假设前提及其批判

从上述分析可以看出，以有效市场理论为代表的经典金融理论，在解释市场异象中捉襟见肘。缘何如此？我们应从分析这种经典理论的假设前提入手。有效市场理论的假设前提包括以下几方面：

### 1）关于理性人和理性预期的假设

完全理性意味着追求利润最大化的主体——人会合理利用掌握的所有信息来做出合理决策；同时，人还会对未来有一个主观估计，将各种可能性都考虑到。准确地说，传统的经济学认为，理性的经济人会估计将来不同结果的各种可能性，然后最大化其期望效用。在不确定条件下，理性投资者的信念和主观概率是无偏的，他们追求方差/均值的有效性。具体说就是：以无偏的方式设定其主观概率。

奥斯本认为投资者是根据他们的期望价值或收益率来估计股票的，而期望价值是可能收益率概率的加权平均值。所以，投资者在奥斯本定义的理性中是以无偏的方式设定主观概率的风险回避的。马克维茨结合奥斯本的期望收益率分布，以其方差度量资产组合的风险，得出了投资者选择有效边界的风险和给定水平的标准差时期望收益率最高的结论。因此，理性投资者是风险规避的。Sharp 把 EMH 和马克维茨的假定结合起来，建立了以一般均衡框架中的理性预期为基础的投资行为模型——CAPM。

### 2）有效市场隐含的其他条件

除上述理性人和理性预期假定外，有效市场理论还隐含以下条件：①无交易成本；②任何市场参与者的信息获得无成本；③所有人对现有价格隐含信息无分歧。

可以看出，以有效市场理论为代表的经典金融理论的假设前提之一是投资者理性，这一假设前提包含两层含义：①假定投资者拥有关于他们经济基本结构的所有信息；②假定投资者是完全理性的信息处理者，他们总是做出最优的统计决策（Alon Brav 和 J. B. Heaton，2002）。换句话说，在基本理论中，投资者能够正确建立真实经济环境的模型，并且能准确估计相关的参数（Friedman，1979）。然而，在现实中这两种假定都是不存在的。大量的研究认为这两个假设限制性太强。例如，Grossman 和 Stiglitz（1980）认为知情投资者的数量内生于一个带有噪音的理性预期均衡的资本市场。因为一方面，信息的搜集成本是昂贵和耗时的，如果收集成本超过了知情投资者的收益，则一个投资者没有动力成为知情者；另一方面，如果没有人告知投资者相关公开信息是重要的，投资者就会忽略这些信息，那么股价也不会反映这些公开信息，所以股价不会揭示所有的公开信息。直觉上，信息进入股价是一个动态的过程，是要耗费时间的。

另有大量的学者开始从信息扩散的角度对有效市场理论无法解释的市场异象进行研究（Hong 和 Stein，1999；Daniel，Hirshleifer 和 Subrahmanyam，1998，2001）。信息扩散理论实际上是对有效市场理论的补充。本书试图从信息扩散论的视角建立一个研究 PEAD 现象的分析框架。

# 2.2 信息扩散理论在 PEAD 中的应用

扩散现象是一个在自然界中广泛存在的现象，它已在物理学、化学、生物学甚至经济学中得到深入研究。在经济学中，关于扩散问题的开创性工作是由 Griliches（1957）完成的。他用逻辑曲线分析了核心技术的扩散问题，证明这个技术在农民、空间和时间上的扩散是缓慢进行的。后期的一些学者在此方面也做了大量的研究（Mansfield，1961；Gort 和 Klepper，1982）。事实上，经济学中的扩散现象主要是指信息扩散。信息扩散是一个过程，通过这个过程信息在不同的投资者之间传递。资本市场上的信息扩散过程是资本市场一个事件发生后，投资者逐渐吸收信息的过程。我们可以借助信息扩散原理将这一过程分解，如图 2-1 所示：

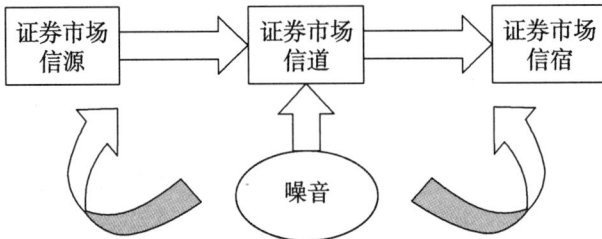

图 2-1　资本市场信息扩散过程图

这里的信源是指证券市场原始信息的供应者，一般包括三个层次：一是证券市场信息最开始的来源；二是开发证券市场信息的人及机构；三是文献中以其他形式为载体的证券市场信息。证券市场的信道指证券市场信息传递的媒体与过程①。证券市场的信宿是指证券市场信息的接收和需求者。盈余公告后的漂移现象实际上就是信息流从信息源产生后经过传递渠道送达信宿的全过程。由于盈余公告主要是通过公开途径向外报送，信道问题的影响相对较小，所以我们分别从信源-信息质量和信宿-投资者的行为差异这几个角度分析信息扩散过程。

### 2.2.1　模型分析

在概念上，我们将信息定义为改变投资者预期的信号。然而，在一个更具体的水平上，在不同的领域，信息有不同的定义。有时信息被定义为噪音信号方差的倒数（Verrecchia，1982），有时信息被定义为噪音信号与其内在变量之间的关系（Epstein 和 Turnbull，1980）。Shannon（1984）引入熵作为信息的计量。这些方法都反映了信息不确定性的特征。

信息的价值是关于其概率的函数。它有以下三个特征：第一，两个事件的信息价值比单个事件的信息价值高；第二，如果两个事件相互独立，其信息价值等于单个事件信息价值之和；第三，任何事件都赋有信息价值。符合上述特征的函数式是唯一的，即：

$$H(P) = -\log_b P \tag{2-1}$$

公式（2-1）表示事件的不确定水平，也指信源发出某一信息所含的信息量。函数 $H(P)$ 还满足以下条件：

1. $H(P)$ 是概率 $P$ 的单调递减函数，即当 $P_1 > P_2$ 时，$H(P_1) < H(P_2)$。

2. 当 $P=1$ 时，$H(P) = 0$。这说明所有人都知道的信息价值

---

①　由于盈余公告是公开信息，其传播渠道对投资者来说差异不大，因此不作为本书的主要研究对象。

为 0。

3. 当 P=0 时，H（P）= ∞ 。这说明私有信息的价值非常高。

但是 H（P）是一个随机变量，不能用它来作为整个事件的信息量进行测度。假设一个完整的事件 X 由许多子事件（$X_1$，$X_2$，Λ，$X_n$）构成，它们发生的概率分别为（$P_1$，$P_2$，Λ，$P_n$），由此可得信息熵函数：

$$H(X) = -\sum_{j=1}^{n} P_j \log(P_j) \tag{2-2}$$

信息熵具有以下三个物理意义：

1. 信息熵 H（X）表示信源输出后，每个信息所提供的信息量。

2. 信息熵 H（X）表示信源输出前，信源的不确定性。

3. 用信息熵 H（X）来表征变量 X 的随机性。

信息熵是对信源的不确定的描述。一般情况下，它并不等于获得的信息量。只有在无噪音的情况下，接收者才能正确无误地接收到信源所发出的信息，全部消除了 H（X）大小的不确定性，所以获得的信息量就等于 H（X）。因此，可以获得的信息量 R 等于信息量 H（X）减去有条件熵 Hy（X）：

$$R=H（X）–Hy（X） \tag{2-3}$$

有条件熵 Hy（X）表示信息不对称的程度，即其量化标准。上述方程可以表述为，企业真实的经营信息是 H（X），而 Hy（X）代表的是企业主观或客观原因造成的信息噪音，R 实际上代表投资者收到的公告信息。

当投资者接收到公告信息 R 时，将以主观信念为基础并根据其中的信息进行决策，那么是什么决定主观信念呢？我们引用统计物理学中的 Gibbs 不等式来解释这个问题。

假设 $\{P_1, P_2, Λ, P_n\}$ 和 $\{q_1, q_2, Λ, q_n\}$ 是两个概率集合，那么根据公式（2-2）就有：

$$R = - \sum_{j=1}^{n} P_j \log(P_j) \leqslant - \sum_{j=1}^{n} q_j \log(q_j) , \text{当且仅当 } q_j = P_j (1 \leqslant j \leqslant n)$$

$$(2-4)$$

在此不等式中，$P_j$ 表示事件 j 发生的客观概率，$q_j$ 表示事件 j 发生的主观概率。公式左边是事件的不确定性，右边是人们主观估计的不确定性。只有当 $q_j$ 接近 $P_j$ 时，即主观概率接近客观概率时，公式左右两边的差额才很小，这意味着人们处理信息十分有效，对事件的判断也比较准确。所以公告信息的不确定性和影响人们主观判断的因素将会对盈余公告信息的处理产生重要影响。下面我们将具体从这两个角度进行分析。

## 2.2.2 信息不确定性对 PEAD 的影响

根据信息经济学的分析，信息作为一种商品，与其他商品相比，有两个重要特征（Arrow，1990）：①信息具有使用的不可分割性，即信息具有规模经济效应；②信息具有不可独占性[①]。正是由于这两个特征，信息具有某种公共品的特点。因而，一个竞争的市场将会在研究和开发信息方面投资不足。如果资本市场上的证券价格准确、及时地传递了信息，那么没有一个投资者会有充分的积极性来获取信息。如果信息的获得要付出代价，那么资本市场的信息就一定是不完全的。强制性的信息披露制度通过对搜寻信息成本的社会补贴来确保信息的数量及信息的准确性，这在一定程度上提高了资本市场的效率。但由于市场规制者、上市公司及中介机构之间信息的不对称，因而不可能从根本上解决资本市场上的信息不完全性问题。当市场上的信息不完全时，市场资源的配置不一定是有效的。Arrow（1990）指出了由于信息不完全导致的两方面问题：①由于未来状况的不确定性，市场在转移风险负担方面是失效的，

---

① 一种商品不可独占意味着它的生产将永远不会达到最优化。

原因是经济系统不能为未来创造出风险承担的完备市场；②价格信息不完全。部分实际经济行为是由非价格变量支配的，信息的不完全性加大了市场成本。

从资本资产定价模型看，考虑信息的不完全性实际上是放松了投资者能完全认知经济基本结构的假设。这里需要区分理性思维（Rational Thinking）和理性预期（Rational Expectations）两个概念。Friedman（1979）认为，理性思维与理性预期的差别在于信息挖掘与信息利用之间的差异。在一个理性预期的世界里，理性的投资者已经拥有所有相关信息，他们利用这些信息做出最优的统计决策（Kurtz，1994）①。在理性预期世界之外，尽管理性的投资者仍然利用统计思想做出最优决策，但他们缺乏重要的基本信息。信息的不完全造成了风险溢价或估计错误，从而产生了 PEAD 等市场异象。

理性投资者处理不完全信息的研究表明，理性结构的不确定性（Rational structural uncertainty）或不完整可能导致风险溢价或资产定价异象，即面对定价参数的不确定性，投资者对股票理性的定价通常会偏离市场有效性②（Merton，1987；Timmerman，1993；Kurtz，1994；Morris，1996；Lewellen 和 Shanken，2002）。最近的分析模型（Easley 和 O'Hara，2001）和实证结果（Easley，Hvidkjaer 和 O'Hara，2002；Francis，LaFond，Olsson 和 Schipper，2002；Botosan 和 Plumlee，2002）也支持了这一观点，他们的研究表明，高信息风险的股票拥有较高的回报。Easley 和 O'Hara（2001）在他们对多个资产进行理性预期的设计中指出，信息的公共和私人部分可以影响预期收益。对于私人信息，由于经验丰富的

---

① Kurtz（1994，pp. 877-878）指出，经济学和博弈论中的理性预期理论基于一个假设前提：代理人对于他们经济环境的基本结构拥有大量知识。在经济学中，代理人被假设知道供给和需求函数，并且知道现在和未来的一般均衡价格，以及一定时间、区间上经济运行的随机过程法则……这些投资者拥有经济环境的结构知识。

② 反应不足可能由投资者的不理性引起。就像 Brav and Heaton 研究表明的那样，将理性的信息不确定性与不理性行为区分开是不可能的。我们也没有做区分二者的努力。

投资者能充分利用新的信息，从而可以通过改变他们的投资组合获利；而幼稚的投资者由于是根据私人信息做出投资决策的，因而会使其持有的股票风险增大。这个"信息风险"是系统的，即不可分散的，所以幼稚的投资者会要求更高的回报作为补偿，这也说明了信息不确定性高的股票通常有较高的回报。另外，Easley 和 O'Hara（2004）和 Leuz 和 Verrecchia（2004）的模型表明，在资本市场中，信息不确定性会引致风险溢价。

另外，信息不完全性对 PEAD 过程的影响还体现在对套利成本的影响上。当企业的价值模糊时，完全理性的投资者进行套利交易时会面临更高的成本。这些高的成本主要由信息风险（低的估计可信度所致）、较大的信息取得成本、价格与价值趋于一致前较长的持有期以及信息流的增大等因素引起。

对套利限制的高昂信息取得成本和高的信息风险的讨论（Shleifer 和 Vishny，1997；Mitchel 等，2002；Barberis 和 Thaler，2003）主要认为：对于高信息不确定性的公司，理性的投资者面临高昂的信息取得成本、分析成本，并且他们最终的价值评估不可靠，这使得他们具有较高的战略风险。另外，当企业的基本价值不确定时，价格收敛到价值的过程更可能被延长，这同时增加了保持套利头寸的成本。

另有学者从信息瀑（Information Cascades）的角度研究套利与定价偏差。在对信息瀑的经典分析中，Bikhchandani et al.（1992）证明当每个个体投资者收到有噪音的私人信息时，最优行动是跟随前面的投资者，而不要管自己的信息。在他们的模型中，纠正信息瀑的可能性是个体投资者私人信号的函数。他们的模型暗示，在高信息不确定性的公司里，由信息瀑造成的定价错误更可能发生。

在信息不确定性较高的公司里，理性套利者的行为可能会影响冲量效应。当企业价值不确定时，理性套利者将减少对私人信息的关注，而更多地根据其他投资者的信息调整预期。换句话说，在信息不确定性高的公司里，理性的套利者将从事正反馈交易（De Long et al.，1990）以弥补私人信号的噪音，结果并未纠正错误定价，反而使得理性交易者的交易价格更加远离价值。另外，高信息不确定性公司频繁的信息瀑是增加套利成本的另一个原因。

高信息不确定性公司的另一个特征表现为，在这些公司中更不容易利用信息进行套利。现有研究中关于套利限制所面临的成本主要有三种：信息成本、交易成本、持有成本。在信息不确定性的环境下，理性交易者面临更高的信息获取和处理成本，以及与噪音交易者价值估计相联系的更高的风险。另外，交易成本（与进入和退出仓位相联系的成本）与持有成本（与持有仓位的风险敞口相联系的成本）在高信息不确定性公司中更高。而增加的套利成本也使得高信息不确定性公司的价格和盈余冲量效应更明显。

总之，信息不完全在整个信息扩散过程中起着重要作用，不仅使得投资者定价有偏，从而对 PEAD 的出现产生影响，还影响 PEAD 的持续过程。

### 2.2.3　投资者行为对 PEAD 的影响

投资者在接收到信息之后，根据信息进行判断，修订股票价格，因此其行为偏差是影响 PEAD 程度的重要因素之一。本书在分析了资本市场中与信息扩散相关的几种投资者的行为偏差之后，将进一步分析其产生的经济后果——对漂移程度的影响。

#### 1）投资者行为分析

在传统经典金融学范式中，投资者被认为是理性的，其中"理性"主要意味着两个方面：其一，投资者的信念是正确的，他们用于预测未知评价变量未来实现值的主观概率分布是其事后实现值的客观概率分布；其二，信念一定时，投资者做出的选择（Choice）是正常可接受的。借助认知心理学家的大量实证研究结论，行为金融学者发现投资者在形成信念和进行偏好（Preference）

选择时会产生系统性的认知偏差。Kahneman 和 Tversky 的开创性研究所强调的一个基本观念是：人们一般不能完全分析包含经济和概率判断的情形。在这些情况下，人们的判断和决策往往依靠某些"经验法则（Rules of Thumb）"或"启发式（Heuristic）"等方法，而这些方法有时却存在系统性的偏差。在证券市场上，个体投资者的投资决策过程涉及投资者的信念形成与更新、基于信念的推理以及按自身的偏好进行决策选择等方面，而这些都与人们的认知心理密切相关。

各种心理行为实验发现，人们在不确定条件下进行判断时，由于无法获得所有的信息，同时也不可能对所有的信息进行分析，加之无法处理复杂的判断，故在信念形成过程中，往往会利用一些简单的方法来简化复杂的问题，并且在信念形成后会以有偏差的方式来更新信念。对证券市场上的投资者而言，其投资决策往往是在不依赖固定法则的高度复杂和高度不确定情况下做出的，因此，在绝大多数不确定条件下，投资者的直觉扮演着极其重要的角色。但在直觉判断中，会出现一些影响投资决策的认知偏差。而易出现这些偏差的投资者将会承担他们未认识到的风险。当前，心理学研究中已发现的投资者在不确定条件下的判断偏差主要有：

（1）启发式偏差

心理学的研究表明，人们对概率的判断往往并非像贝叶斯法则那样去计量，而更多的是"启发式"的直觉判断。启发式的加工可以简化很多推理过程，迅速而比较准确地做出判断。然而，启发式的推理若应用不当，也常常会带来各种偏差。在证券市场上，投资者的"启发式偏差"是指由于不可能收集和综合所有的因素和现象，其往往依据"经验法则"来进行投资判断。当所遗漏的因素和现象很重要时，信息的缺损就会导致判断与估计上的严重偏差。行为金融学先驱 Kahneman 和 Tversky 主要研究的就是会产生系统性错误的启发式偏差，具体包括：可得性偏差、代表性偏差以及锚定与调整偏差。

可得性偏差（Availability Bias）是指人们往往根据事件在知觉或记忆中的可获得性程度来评估其出现概率，容易被感觉到或回想起的事件被认为更容易出现，其主观概率就会被夸大，而对于不太能想象的事件，其发生的概率则往往被低估。同时，事件刺激的频率、新异性、生动性也会影响到其可获得性的程度，进而影响到其在个体心目中的主观概率。人们之所以会产生可得性偏差，Tversky 和 Kahneman（1974）认为是由于人们存在严重的回忆偏向和搜索偏向，即在记忆中搜寻相关信息时，并不是所有的信息都能被无偏地搜索到。

代表性偏差（Representativeness Bias）是指由于人们只抓住问题的某个特征来直接推断结果，而不考虑这种特征出现的真实概率以及与特征有关的其他原因所造成的判断偏差。Tversky 和 Kahneman（1974）揭示了人们利用"代表性启发式"形成信念和推理时存在的两个严重偏差：一是几率忽略，即过于注重事件的某个特征而忽视了其出现的无条件概率，从而引起信念的偏差；二是样本容量忽略，即忽略了样本大小对推理的影响。统计学中有"大数法则（the Law of Large Numbers）"，但代表性偏差表明当个体不知道数据产生过程时，他们会倾向于在很少数据的基础上过快地得出结论。如对于一个成功地选择了四只好股票的投资分析师，投资者会认为他有很强的择股能力，因为成功地挑选出四只好股票不是一个平庸分析师的代表特征。Rabin（2002）将这种用小样小数法则会造成高估未发生事件出现的概率称为"赌徒谬误效应（Gambler's Fallacy Effect）"。例如，虽然人们都知道投掷硬币正反面出现的概率均为50%，但如果连续出现多次正面，人们总会认为接下来出现反面的概率会很大。当产生观测结果的基本概率分布不确定时，这种谬误会使个体错误地从过短的序列中推断概率分布。类似的，在金融投资决策中，我们往往会夸大一名平庸的投资分析师四次预测中至少会错一次的概率，同样我们也会夸大一名连续四次预测都是正确的分析师就一定是优秀分析师的概率。

锚定（Anchoring）是指在不确定条件下，人们通常利用某个参照点作为锚（Anchor）来降低模糊性，然后再通过一定的"调整（Adjustment）"得出最后的结论。心理学的实验证据表明，人们的初始锚定值往往并不恰当，并且对锚定值的调整也常常是不够的，这就是锚定与调整偏差（Anchoring and Adjustment Bias）。Tversky 和 Kahneman（1974）指出：当个体判断某些事件的数量时，其初始值的设定会受问题被陈述时所提到的任何数量所影响，而且常常是不当的影响。在投资行为中，锚定与调整通常表现为：在预测股价时，投资者往往会先对股票价格做出一个粗略的估计——即锚定值（锚定值可能是心理价位，也可能是市场的普遍看法或投资专家的意见），然后再根据进一步的信息对其进行调整。与锚定相联系的是保守性（Conservatism）。心理学的研究表明：个体在面对新信息时，并非总是系统性地看重新信息，忽视几率。

（2）过度自信和乐观主义

启发式偏差的研究表明，个体要么过于看重新信息，要么过于看轻新信息，甚至有选择地处理信息。大量的心理学研究还发现，个体在做出判断时往往出现过度自信（Overconfidence）偏差。自信本身并不是坏事，它有助于个体成就大业，但过度自信则不同了。过度自信是指个体经常会过于相信自己判断的正确性，进而容易忽视客观情况变化造成判断失误的可能性。心理学的研究表明，个体倾向于高估自己占有知识的准确性和自己完成各项任务的能力。如果人们常对某事抱有90%的把握，那么成功的概率大约只有70%。过度自信可以追溯到代表性偏差，Tversky 和 Kahneman（1974）曾指出：个体具有将事件区分为典型事件或有代表性事件的倾向，他们在做概率推断时，会过分强调这种分类的重要性，而对相关的证据则不予考虑。

人们的这种过度自信倾向还可以部分地归结为两种认知偏差——自我归因（Self-attribution）和后见之明（Hindsight）。心理学中的归因理论认为：个体倾向于将其在一项活动中的成功归结于自身的才能，而将失败归因于外在的干扰因素而非他们自己的失职；后见之明则是指人们倾向于在某一事件发生之后，相信他们在这一事件发生之前就已经预计到了。心理实验证明，在事过之后，大多数人不能够准确地记清楚事发之前所做出的判断，在把结果同判断进行比较时，人们往往夸大自己事前判断的准确性，声称自己在事发之前就已经做出了正确的判断。Kahneman 和 Riepe（1998）认为由于自我归因，人们往往不能通过不断理性的学习过程来修正已有的信念，而后见之明则会助长人们误以为事情是可以预测的错觉。对投资者而言，Gervais 和 Odean（2001）指出：在投资者整个投资生涯中，随着投资成功经验的增加，过度自信程度会随之提高，但投资者的投资成功经验又会明显减少，从而使过度自信程度随之降低。因此，投资者的过度自信程度在投资初期阶段高于后期阶段。但在整个证券市场上，随着亏损和病、老等原因，老投资者会陆续离开市场，而新投资者又会不断入市，故市场总是过度自信的。

Kahneman 和 Riepe（1998）还指出人们普遍有乐观主义（Optimism）的倾向，即大多数人对他们的能力和前途抱不切实际的乐观看法。由于乐观主义，投资者经常认为自己的才能高过别人，同时会经常低估风险，相信坏的投资结果不会发生在自己身上。Kahneman 和 Riepe（1998），Shefrin（2000）都认为：过度自信和乐观的投资者常常会对事情的发展不如预期而感到惊讶。同时，他们还会夸大自己对局面的控制能力，产生控制幻觉（Illusion of Control）。由于控制感是投资者的一种基本需要，每个个体都渴求能控制、影响甚至创造事件，而不受外部因素的控制，因此，过度自信和乐观主义使投资者认为其可以控制周围的环境，而实际上却与之相反。

（3）投资者群体行为的羊群效应

前面讨论的投资者行为特征主要基于认知心理学（Cognitive Psychology）的相关理论和实证研究，而且主要针对的是个体投资者在认知活动中容易产生的心理偏差。而在证券市场上，投资者之间的行为常常是互相影响的。从社会心理学（Social Psychology）的角度来看，在群体中人们很容易受到群体情绪的感染，进而倾向于放弃自己的信念与偏好，忽略自身可获得的信息而采取与群体行为相近的行为。作为个体，这些行为往往是不可思议的，这一点在高度竞争的证券市场上表现得尤为明显，因此，有些研究表明这种说法是站不住脚的，投资者并非只是偶然偏离理性，而是常以同样的方式偏离。投资者的这种群体一致性行为又被称为"羊群行为（Herd Behavior）"，是指投资者在作投资决策时趋向于忽略有价值的私有信息，而跟从市场中大多数人决策的行为方式。羊群行为表现为在证券市场的某一时期，大量投资者采取相同的投资策略或者对特定的资产产生相同的偏好。羊群行为往往难以预测和控制，对证券市场具有潜藏的破坏性。Shiller（1990）曾指出：在经济主体拥有有限理性的情况下，投资者会在不同时点采取相似的模式进行投资决策，这种模式可称为"大众模式（Popular Model）"。它可能由经验法则、直觉、小道消息、大众意见等组成，但内容常会随时尚、潮流、社会动向或某一事件而突然发生集体改变，而证券的价格也随之剧烈变化。

从理论上讲，羊群行为发生主要有以下几个方面的原因：第一，投资者信息不确定或者获取信息的成本太高。在信息纷繁庞杂的证券市场中，单个投资者无法及时掌握所有的信息，而模仿他人的行为可以节约自己搜寻信息的成本。第二，对报酬、声誉以及推卸责任的需要。这集中表现在存在"委托-代理"关系的投资经理和投资分析师身上。这里有一种"责备共担效应（Blame Sharing Effect）"，即如果某专业投资者逆势而动，一旦他失败，通常就会被视为是能力不够的表现，并因此受到责备。但如果他的行为与大多数人一致，即使失败，他也会因看到其他人与他有相同的命运而不那么难过，他的委托人也会考虑到其他人也同样失败而不过分责备他。这样，专业投资者（代理人）就具有与别人趋同的愿望，以推卸自己决策错误的责任，借此保有自己的声誉（或报酬）。第三，信息在传递过程中出现"串联"，即通过人群间的沟通产生了传染，进而导致群体行为的收敛。第四，人们的从众心理以及减少孤独和恐惧感的需要。

### 2）行为金融的理论模型对市场异象的解释

随着行为金融理论的发展，在对投资者决策偏差的系统研究及前景理论的基础上，一些学者建立了基于行为的投资模型，这些模型解释了传统金融理论无法解释的市场异象。

（1）BSV 模型

Barberis、Shleifer 和 Vishny 于 1997 年提出了一个行为金融的 BSV 模型。该模型认为，投资者在决策时存在两种心理偏差：选择性偏差和保守性偏差。根据事件发生时伴随的部分现象推测所发生的事件时，理性的原则是遵循贝叶斯法则，而选择性偏差指的是人们在估计后验概率时过于重视了条件概率而忽视了先验概率；保守性偏差是指在一定的环境下，人们在面临新的信息时不愿意理性地更改他们现有的观念，表现为过于重视先验概率，而忽视条件概率。这两种行为偏差反映在股票市场上则分别对应于投资者的反应过度和反应不足。

（2）DHS 模型

Daniel、Hirshleifer 和 Subrahmanyam 于 1998 年提出了 DHS 模型。该模型把投资者分为无私人信息的投资者和有私人信息的投资者。无私人信息的投资者不存在决策偏差。有私人信息的投资者存在两种决策偏差：对私人信息的过分自信和自我归因偏差。对私人信息的过分自信意味着他们过分夸大私人信息的准确性，导致对私人信息的过度反应。自我归因偏差意味着公告信息对私人信息的影响是不对称的，即当公告信息与私人信息相符合时，有此偏差的投资者更加确信私人信息的准确性；而当公告信息与私人信息有冲突时，有此偏差的投资者仍然重视私人信息，相对忽视公告信息，因而导致对公告信息的反应不足，出现股票回报的短期连续性；而当最终公告信息战胜投资者的偏差时，则出现长期回报的反转。

（3）HS 模型

Hong 和 Stein 于 1999 年提出了 HS 模型，又称统一理论模型（Unified Theory Model）。与前两个模型不同的是，HS 模型把市场中的投资者分为消息观察者和动量交易者两类。在预测股价时，消息观察者完全不依赖当期和过去的价格，而是根据其获得的关于股票未来价值的信息进行预测；动量交易者则把他们的预测建立在一个对私人信息反应不足的基础上，试图利用这一点进行套利，但结果恰恰导致股价过度反应。

3）投资者行为对 PEAD 的影响

对于投资者的代表性偏差，De Bondt 和 Thaler（1985）的研究表明：投资者在进行概率修正时常倾向于过度反应（Overreact），即对近期的信息赋予较大的权重，而对整体的几率数据赋予较低的权重。由于投资者对公司盈余数据的过度反应，市场对过去的输家（Loser）过度悲观，而对过去的赢家（Winner）过度乐观，进而推动股票价格偏离基本面价值，导致前期表现不佳的股票很可能比表现出色的股票更具投资价值。

锚定和保守性表明人们忽略了新信息的影响，个体会过于看重几率而忽视新信息，即在信念转变上过于保守，新信息对原有信念的修正常常不足，特别是当新信息不具备足够的代表性时，人们就不会对其给予足够的重视，进而不能按照贝叶斯法则修正自己的信念。所以锚定和保守性使得投资者对盈余公告后的信息表现出反应不足。

一般来说，证券市场中羊群行为的影响主要有三方面：一是羊群行为者往往抛弃自己的私有信息而追随别人，这会导致市场信息传递链的中断。二是如果羊群行为超过某一限度，将诱发另一个重要的市场现象——过度反应：在上升市场中，盲目地追涨越过价值的限度，只能是制造投机泡沫；而在下降市场中，盲目地杀跌也只能是危机的加深。三是所有羊群行为的发生基础都是信息的不完全性。因此，一旦市场上的信息状态发生变化，如新信息的到来，羊群行为就会瓦解。这意味着羊群行为具有不稳定性和脆弱性。这一点也直接导致证券市场内在的不确定性和价格波动性的增强，同时也容易引起投机泡沫和市场崩溃。

# 2.3 小 结

本章从有效市场理论出发，从信息不完全性和投资者有限理性两个角度分析了二者对市场异象的影响。信息不完全性作为资本市场的必然结果，将导致未来状况的不确定性和价格信息的不确定性，这使得投资者对所处的经济环境不能完全认知，一定程度上造成了风险溢价或估计错误，促使了异象的产生；同时，信息不完全性还增加了资本市场的交易成本，这进一步影响了信息扩散过程的持续性。投资者的有效理性如代表性偏差、可得性偏差、锚定等都反映投资者的认知判断被"锚定"在由过去的典型事件或经验所得而确定的某种信念上，产生非贝叶斯法则预期，从而产生市场行为的过度自信和过度反应、保守主义和反应不足。事实上，上述两个研究视角是放松了资本资产定价模型的两个前提条件：信息的完全性和市场参与人的完全理性。

当然，信息不完全性和投资者有限理性的共同作用，将使异象更明显，持续的时间更长。事实上，投资者的过度自信在信息不确定性高的环境中被放大了。

首先，由于较强的价值模糊性，企业价值的主观分布与客观分布差距很大。图2-2a描绘了标准的过度自信的统计表达，这里个人的主观企业价值分布与实际分布相比窄得多；而在高信息不确定性的设计中，真实的企业价值分布更分散，有更大的方差（如图2-2b所示）。根据以前的实证证据，这说明投资者不会对不确定性公司价值的估计进行充分调整，所以对高信息不确定性的公司表现出更大的过度自信。

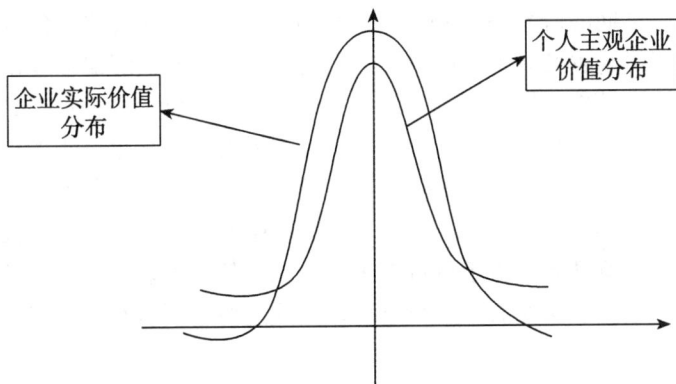

**图2-2a 个人主观企业价值分布与实际分布图**

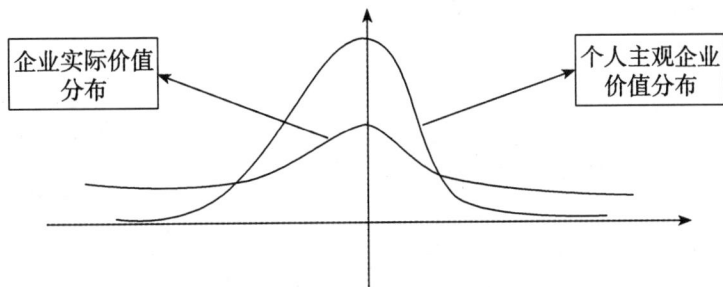

**图2-2b 高度信息不确定下个人主观价值分布与实际分布图**

其次，对于高信息不确定性的公司，投资者的私人信号更加难以评估，良好的信息反馈更难获得，这将减少经验丰富带来的收益。换句话说，在高信息不确定性的环境里，学习很难并需要花很多时间。

最后，高信息不确定性公司可能是"题材股票"。这类股票的公开信息噪音很大，与私人信号相比显得更难理解。在这些股票中，有合法性保护的谣言或暗示大大刺激了投资者的投机心理。因此，在高信息不确定性的环境下，投资者更关注自己的私人信息，而看轻含在过去回报和盈余中的公开信息。

在早期的研究中，Miller（1997）认为，有较大意见分歧的公司将获得较少的回报。Miller 的结论是基于过度自信偏差和市场摩擦的综合结果。他注意到，当私人存在较大的价值模糊性时，投资者将会基于其私人信息积极交易。更重要的是，如果悲观的投资者通过与不对称成本相联系的卖空部分或全部退出市场（Miller，1997），那么高信息不确定性公司的价值将反映大部分乐观投资者的私人价值判断。由于过量的乐观融入高信息不确定性公司的股价中，而股价的纠偏需要一个过程，因此这些公司将在未来时间获得较少的回报。

总之，我们可以看出信息不完全性和投资者有限理性对于资产定价过程有着重要的影响。

# 3 我国资本市场的信息质量和投资者行为现状分析

在上一章中，我们从信息扩散理论出发，从信息不确定性和投资者行为两个角度对 PEAD 进行了理论分析。从上述理论分析中，可以看出信息质量和投资者行为是 PEAD 产生和延续的重要因素，那么在我国现有制度环境下，信息质量和投资者行为又有什么特点呢？本章我们从我国的现实情况出发，分别分析了我国上市公司的信息质量和各类投资者的行为模式。

## 3.1 信息质量

本节我们主要从证券监管制度建设，会计、审计制度建设和企业盈余操纵行为三方面分析其对信息质量的影响。这里证券监管制度主要指上市公司信息披露制度、证券市场交易信息披露制度、内幕交易监管制度。

### 3.1.1 证券监管制度建设

1）上市公司信息披露制度

当前，规范我国上市公司信息披露的制度体系包括基本法律、行政法规、部门规章和自律性规则等四个层次：第一层次为基本法

33

律，主要是指《证券法》和《公司法》等基本的国家财经法律，还包括《刑法》等法规中的有关规定；第二层次是行政法规；第三层次为部门规章，主要是指中国证监会制定的适用于上市公司信息披露的制度规范；第四层次为自律性规则，主要是指证券交易所制定的《上市规则》。其具体见表3-1。

表3-1　　　　我国上市公司现行信息披露制度体系

| 披露内容 | | 法律 | 行政法规 | 部门规章 |
|---|---|---|---|---|
| 首次披露 | 招股说明书 | 《公司法》第140条，《证券法》第58、59条 | 《股票发行与交易管理暂行条例》（以下简称《股票条例》）第15、19条 | 《公开发行股票公司信息披露实施细则》（以下简称《实施细则》）第6、7、8条；《公开发行股票公司信息披露的内容与格式准则》（以下简称《内容与格式准则》）第1、11、13号；《公开发行证券的公司信息披露编报规则》（以下简称《信息编报规则》）第1、2、3、4、5、6、10号等 |
| | 上市公告书 | 《公司法》第153条，《证券法》第47、48条 | | 《内容与格式准则》第7、14号 |
| 定期报告 | 年报 | 《公司法》第156条，《证券法》第60、61、72条 | 《股票条例》第47、48、49条 | 《实施细则》第4、13、16条；《内容与格式准则》第2、3号 |
| | 中报 | 《公司法》第156条 | 《股票条例》第47、48、49条 | 《实施细则》第4、13、16条；《内容与格式准则》第2、3号 |

续表

| 披露内容 | | 法律 | 行政法规 | 部门规章 |
|---|---|---|---|---|
| 定期报告 | 季报 | 《公司法》第156条 | 《股票条例》第47、48、49条 | 《信息编报规则》第13号 |
| 临时报告 | 重大事件 | 《证券法》第62条 | 《股票条例》第60、61条 | 《实施细则》第17、19条 |
| | 并购信息 | 《公司法》第149条，《证券法》第79、84、93条 | 《股票条例》第47、48、49条 | 《实施细则》第20、21条 |
| | 其他 | 如股东大会、董事会决议公告等常规性公告，主要在证券交易所的《上市规则》中规范 | | |

从表3-1可以看出，我国已初步形成了以《证券法》为主体，以相关的行政法规、部门规章等规范性文件为补充的全方位、多层次的上市公司信息披露制度框架。该框架从原则性规范到操作性规范，从信息披露的内容、形式到手段，都做出了较为科学合理的规定，基本上与国际接轨。

### 2）证券市场交易信息披露制度

沪、深两大交易所同时于1996年12月13日下达通知，决定自1997年3月3日起对A股、基金类证券的交易实施交易信息公开制度。需要公开的内容包括：每个交易日涨（跌）幅超过7%的前5只证券名称、涨跌幅、成交量、成交金额，以及所涉及的当日交易金额最大的前5家证券营业部的名称、席位代码及当日交易金额等。这一制度是我国为抑制证券市场的过度投机而在交易后的信息披露制度建设方面迈出的探索性一步，对异常交易的股票实施信息披露，并有选择地披露异常交易者身份。直观上看，其有助于在众多股票中突出那些成交异常的股票及个别的问题股票，是我国证券市场与国际接轨的表现，也是证券市场日益发展、透明、成熟的表现，同时也是证券市场有效发挥资本资源配置、提高市场对资产定价的能力、降低市场投机性、有效抑制股市泡沫的必要手段。为了改善对机构投资者的服务，提高对机构投资者的吸引力，降低大宗交易的成本，减小大宗交易对市场稳定性的冲击，我国两大交易所先后建立了专门的大宗交易制度：以正常规模交易的交易制度为基础，对大宗交易的撮合方式、价格确定和信息披露等方面采取特殊的处理方式。上海证券交易所于 2003 年 1 月 10 日正式推出大宗交易制度，对大宗交易信息实施单独披露：每笔大宗交易的成交量、成交价及买卖双方所在会员营业部的名称于收盘后单独公布。两大交易所 2003 年 12 月 8 日调整了买卖盘揭示范围，由原来提供 3 个最优买卖盘档位变成 5 个档位的即时行情，简称"三档"变"五档"，即实时发送最高 5 个买入申报价和数量及最低 5 个卖出申报价和数量。直观上看，买卖盘揭示范围的扩大，会增强市场交易的透明度，改善广大中小投资者在买卖盘的数据信息方面与大资金投资者之间的信息不对称，有效遏制庄家在买卖盘中施展手段的空间，从而更有利于中小投资者的投资决策。

3）内幕交易监管制度

我国禁止内幕交易的立法是随着证券市场的不断发展逐步完善的，目前已经形成了一个由行业自律规定、行政法规和规章、《刑法》和《证券法》组成的、相对完整的法律法规体系。

我国关于证券内幕交易的立法雏形是 1990 年 10 月人民银行发布的《证券公司债券管理暂行办法》第 17 条，后来有了《上海市证券交易管理办法》第 39 条和第 42 条、《深圳市股票发行与交易管理暂行办法》第 43 条。1993 年 4 月 22 日，国务院颁布了《股票发行与交易管理暂行条例》，对内幕交易及其法律责任做出了初步规定。1993 年 9 月 22 日，国务院证券委又颁布了《禁止证券欺诈行为暂行办法》，进一步对内幕交易做出了明确的规定。1997 年 10 月生效的《刑法》纳入了证券欺诈条款，第一次以基本法的形式规定内幕交易为刑事犯罪行为，并规定了其刑事责任，为打击内幕交易提供了强有力的法律工具。1999 年 7 月 1 日生效的《证券法》对内幕交易的定义、内幕人员的界定、内幕消息的内容以及内幕交易的类型都做出了详细具体的规定。《证券法》对内幕消息的界定采用了概括定义与列举相结合的方法，其第 69 条规定："证券交易活动中，涉及公司经营、财务或者对该公司证券的市场价格有重大影响的尚未公开的信息为内幕信息。"

## 3.1.2 会计、审计制度建设

### 1）我国会计准则改革历程

我国会计准则的建设与改革是一个不断探索与完善的进程。早在 20 世纪 80 年代中国会计学会成立之际，就开始了会计准则建设的探索。在 90 年代初期，财政部在制定会计改革纲要时，正式将会计准则建设作为会计改革的重要任务列入纲要。随后，实质性准则建设开始起步，1992 年发布首个会计准则《企业会计准则——基本准则》。进入 90 年代后期，会计准则建设的步伐加快，1997 年颁布首个具体准则，即《企业会计准则——关联方关系及其交易的披露》。为了借鉴西方国家会计准则的经验，财政部于 1998 年 10 月成立了中国会计准则制定的咨询机构——财政部会计准则委员会。会计准则委员会成立后，加快了准则的制定步伐，1998 年颁布了"现金流量表"等 7 项具体准则，从 1999—2001 年又先后发布了 8 项具体准则。2003 年财政部制定并颁发了

《会计准则制定程序》和《财政部会计准则委员会工作大纲》，将会计准则的制定和会计准则委员会的工作纳入制度化的轨道。2005 年会计准则建设开始进入实证性的突破阶段，2005 年 6 月发布了《企业会计准则——基本准则》等 3 项具体准则征求意见稿；8 月发布了《企业会计准则——原保险合同》等 6 项具体准则征求意见稿；9 月再次发布了《企业会计准则——金融工具确认和计量》等 4 项具体准则征求意见稿。2006 年 2 月 15 日财政部发布了 39 项企业会计准则。至此，标志着我国会计准则的建设有了一个质的飞跃。

### 2）独立审计准则建设历程

独立审计准则作为规范注册会计师执行审计业务的权威性标准，对提高注册会计师执业质量、降低审计风险、维护社会公众利益具有重要的作用。其建设主要经历了三个阶段：第一阶段为制定执业规则阶段（1991—1993）。中注协成立后，非常重视执业规则的建设，从 1991—1993 年，先后发布了《注册会计师检查验证会计报表规则（试行）》等 7 个执业规则。这些执业规则对我国注册会计师行业走向正规化、法制化和专业化起到了积极作用。第二阶段为建立准则体系阶段（1994—2003）。1993 年 10 月 31 日，第八届全国人民代表大会常务委员会第四次会议通过《中华人民共和国注册会计师法》，规定中国注册会计师协会依法拟订执业准则、规则，报国务院财政部门批准后施行。经财政部批准同意，中注协自 1994 年 5 月开始起草独立审计准则。到 2003 年 5 月，中注协先后制定了 6 批独立审计准则，包括 1 个准则序言、1 个独立审计基本准则、28 个独立审计具体准则和 10 个独立审计实务公告、5 个执业规范指南。此外，还包括 3 个相关基本准则（职业道德基本准则、质量控制基本准则和后续教育基本准则），共计 48 个项目。第三阶段为完善与提高阶段（2004 年至今）。随着独立审计准则体系的基本建立，制定工作转向完善独立审计准则体系与提高准则质量并重。2004 年以来，中注协在起草新准则的同时，根据变化的审计环境、国际审计准则的最新发展和注册会计师执业的需要，为贯彻现代风险导向审计的理念和方法，已经有计划、有步骤地修订了已颁布的准则，于 2006 年 2 月 15 日颁布了新修订的 48 项审计准则，并于 2007 年 7 月 1 日开始实施。至此，我国已建立起一套适应我国市场经济发展要求、顺应国际趋同大势的中国审计准则体系。这对于提升注册会计师的执业质量、促进注册会计师行业的专业化发展、维护公众利益和服务于市场经济建设都具有积极的作用。

当然，我国上述制度还存在以下问题：①会计信息披露的内容规定不尽完善，证监会和财政部在对会计信息披露的规定方面存在冲突，对同一内容采取强制性披露方式还是自愿式披露方式的规定有待进一步明确；②我国的审计准则体系不尽完善，制定的独立审计基本准则、具体准则和实务公告缺乏操作性，并且与执行配套的执业规范远未能满足审计实务工作的需要；③注册会计师的独立性并不总是得到保证，由于现实中，管理层对注册会计师的聘任有着举足轻重的影响，面对充分竞争甚至恶性竞争的审计市场，期望审计人员完全独立是不可能的。

### 3.1.3 我国上市公司信息质量存在的问题

本书主要关注的是上市公司的信息质量，因此主要借助于对投资者的调查和专门机构有关上市公司信任程度的研究结果来形成对这个问题的初步认识。

丘学文曾对 100 名证券投资者（社会公众）进行调查，结果显示，有 33% 的被调查者对上市公司的会计报表及其他会计信息表示"不信任"，41% 的被调查者表示"有怀疑但不确定"，表示"信任"的被调查者仅占 26%。

2004 年 7 月 21 日，《经济观察报》①、经济观察研究院发布了由其编制的 2004 年上市公司信任度排行表。此项研究所遵循的标准分为合法性、公允性、一致性和对称性四大类，在总共 54 个具体标准中，涉及合法性的有 30 个，涉及公允性的有 9 个，涉及一致性的有 9 个，涉及对称性的有 6 个。研究数据来源于 2003 年 1 259 家境内上市公司的法定信息披露，是逐一对上市公司信任度进行全面评价的结果。在这一排行表中，上市公司的加权信任度指数为 35.6 分，其中排名第一的太工天成只得到了满分 100 分中的 51.85 分，排名最后的四通高科得分还不到 10 分。上面的数据反映了我国上市公司信用程度低下的严峻现实。我国上市公司信息质量主要存在以下几方面的问题：

## 1）会计信息披露不真实

会计信息披露不真实主要体现为虚假、违法和误导。目前，一些上市公司违反信息披露的规定进行造假活动，上市公司信息披露充斥大量泡沫的现象屡见不鲜。银广厦公司通过伪造金融票据等手段，虚增巨额利润 7.45 亿元；红光实业在股票发行上市申报材料中，采取虚构产品销售、虚增产品库存和违规账务处理，将 1996 年实际亏损 10 300 万元虚报为 5 400 万元；东方锅炉采用包装上市的办法，连续多年编造虚假财务会计报告，虚增净利润 12 300 万元。类似的案例还有大庆联谊、国嘉实业、蓝田股份、郑百文等上市公司。有关研究显示，1994 年 1 月到 2000 年 12 月，证监会披露的 346 项违规行为中，会计信息造假大约占了 19.1%。造假的动机主要有：①包装上市。根据有关证券法规的规定，股票发行和上市的公司必须具有三年经营业绩，于是，许多经济效益不太好的企业便通过各种造假手段粉饰会计报表，以确保公司三年盈利。②配

---

① 2004 年 7 月 21 日，《经济观察报》刊发了《2004 中国上市公司信任度指数》一文。

股资格。在"壳"资源稀缺的中国证券市场上，配股资格对上市公司有着十分重要的意义。但是中国证监会对上市公司配股有严格规定，要求上市公司在申请配股的前三年，每年的净资产收益率必须在10%以上，属于能源、原材料、基础设施类的公司可以略低，但不能低于6%，这种硬性要求使得证券市场上充斥着10%现象。蒋义宏（1998）的研究表明，1997年年报中净资产收益率（ROE）在10%～11%之间的上市公司多达108家；1996年和1997年对上市公司年度报告的分析表明，整体净资产收益率分布在11%～12%及12%以上的比例占绝大多数，而小于10%的区间寥寥无几。根据统计学原理，若净资产收益率在11%～12%区间的分布最多，则在该区间两侧的区域应呈正态分布，不太可能出现大于10%的公司数量多而小于10%的公司数量特别少这样的非正态分布。从10%现象可以看出，许多上市公司存在操纵净资产收益率的现象。此外，上市公司出于避免处罚和炒作公司股票的动机，也进行会计造假，操纵公司利润。琼民源1996年创下股市神话，与其虚增56 600万元利润、65 700万元资本公积密切相关；1997年年底，国嘉实业股价一路飙升，与其虚报利润5 000万元相关。有学者对1994—2001年间发生的37起证监会针对注册会计师造假的处罚决定进行了分类，从中我们可以了解上市公司的会计造假类型。证监会处罚的原因分类大致分布见表3-2。

2）会计信息披露不及时

会计信息披露的一个重要质量要求是及时性，因为时机一旦错过，信息的相关性也就大为降低以至毫无用处。我国上市公司在定期报告公布的及时性方面已有了较大的改善，但是对于一些重大事件，仍倾向于将有利于本企业的信息及时披露，将不利于本企业的信息延迟披露。从法规的层面上看，我国《公开发行股票公司信息披露实施细则》规定，中期报告于每个会计年度前6个月后的两个月编制完成并披露，年报于每个会计年度结束后的4个月内编

表3-2 证监会处罚的原因分类

| 处罚原因 | 案例数（件） | 频数（%） |
|---|---|---|
| 融资过程中出具文件有虚假、严重误导性内容或重大遗漏的 | 25 | 62.5 |
| 其中：涉及审计报告的 | 15 | 37.5 |
| 　　　涉及验资报告的 | 4 | 10 |
| 　　　涉及资产评估报告的 | 2 | 5 |
| 　　　涉及盈利预测报告审核的 | 4 | 10 |
| 定期报告审计过程中出具虚假、严重误导性内容或重大遗漏的 | 20 | 50 |
| 其他 | 2 | 5 |

资料来源 李爽，吴溪．审计定价研究：中国证券市场的初步证据[J]．会计研究，2002（2）．

制完成并披露。这么长的时间间隔，也使得所披露的信息在一定程度上失去时效性。会计信息披露的不及时主要表现在法定披露时间不遵守和重大事项未临时公告两个方面。

（1）法定披露时间不遵守

根据有关规定，当上市公司可能发生对公司股票价格产生重大影响而投资者尚未得知的重大事件时，应当立即编制重大事件公告书，及时向社会披露。而目前在我国资本市场中，仍有相当一部分上市公司违反这项规定。这些公司对于诸如公司之间已发生的收购、兼并、重大债务、招股说明书中曾保证过的盈利已不能完成、投资项目已不按原投资进度进行或募集资金的投向发生改变等重要信息都不及时公开，使会计信息披露失去了其应有的及时性、公平性和透明性。

（2）重大事项未临时公告

一些公司在重大事项发生后没有及时进行专题披露，而是放在定期报告中一并刊登，使投资者不能及时了解有关信息，严重损害了市场的透明度。例如，桂林集琦的控股子公司曾于 2000 年 1 月、3 月和 4 月分别签署协议，出让 12 596.14 平方米的铺面经营权，涉及金额共计 10 076.912 万元，但公司当时未及时披露，而是在 2000 年中报中一并公告，使投资者无法及时了解公司的重大信息并做出判断。

### 3）会计信息披露不充分

一些上市公司出于其自身利益的考虑，故意对一些重要信息隐瞒不报或陈述不充分，特别是对非财务信息的披露过于简单和草率，对关键事项的披露也缺乏透明度。其主要表现在：有些公司对亏损或业绩大幅度下滑的原因交代不清楚，受到投资者或监管部门的质疑后，才不得不出具补充公告，详细说明原因；有些公司没按要求公布重大关联交易事项的详细情况，比如定价原则、交易价格、交易金额、结算方式及关联交易事项对公司利润的影响等。例如，吉林炭素 1998 年招股筹集 54 810 万元，其 1999 年年报中披露："截至 1999 年 12 月 31 日，募集资金已投入使用 20 731.4 万元，尚节余 34 087.6 万元。"然而，该公司的资产负债表却记载：1999 年年底合并货币资金余额为 9 747.42 万元，并未披露剩余募集资金的数量及去向。另外，一些公司披露的内容与要求存在差距。以 2000 年中报为例，在中报摘要"主要财务数据和指标"这一部分，中报准则要求提供报告期末和上年末（或报告期内和上年相同期间）9 项主要财务指标，包括 5 项资产负债表指标和 4 项利润表指标。资产负债表指标（总资产、资产负债率、股东权益、每股净资产、调整后每股净资产）系时点数，应列示截至 2000 年 6 月 30 日和 1999 年 12 月 31 日的数据；利润表指标（净利润、扣除非经营性损益后的净利润、每股收益、净资产收益率）系时期数，应列示 2000 年上半年和 1999 年上半年的数据。两类指标最好分开列示，以保证会计信息的明晰性，而大多数公司均笼统地列示截至 2000 年 6 月 30 日和 1999 年 6 月 30 日的数据，未对两类指标加以区分。

### 4）会计信息披露不可靠

可靠性是会计信息一个重要的质量特征，是满足决策有用性的基础特征。然而上市公司出于经营管理的考虑，如保持配股融资资格、提高股票发行价格等，往往采取粉饰财务状况和经营成果或隐瞒、推迟披露真实的信息等办法，使资本市场上会计信息披露的更正、补充等现象过多。例如，在大庆联谊 1999 年年报中，会计师出具了带有说明段的审计报告，公司对大股东巨额欠款一项的解释含糊不清，不少投资者误以为该公司大股东 6.2 亿元的欠款中将有 1.5 亿元用应收股利偿还，直到 6 天后该公司发布补充及更正公告，投资者才醒悟，原来高达 6.2 亿元的欠款是大股东用应收股利 1.5 亿元偿还后的余额，这样前后就相差了 1.5 亿元。科利华在 2000 年 4 月 5 日的补充公告中称因工作疏忽，遗漏了注册会计师的审计意见，在其解释说明段中包括了公司大股东因调减债务而增加的 7 800 万元净资产和应收股东及其分公司的货款 25 678.28 万元。抛开补充公告看其年报，我们很难对科利华 1999 年度财务状况和经营成果做出准确的判断。考察近几年年报的补充及更正公告可以发现，这些公告的内容主要集中在以下几个方面：第一，补充连续 3 年的主要财务指标和审计调整前后的对比数据，如西北化工、佛山兴华等；第二，补充会计政策（坏账准备计提方法、存货跌价准备及长期投资减值准备的计提方法）的变更，如锦州六陆、世纪星源、浙江创业；第三，补充关联公司及其往来，如大庆联谊；第四，补充年报披露的重大不确定因素（贷款担保、巨额往来款项）；第五，补充注册会计师出具的报告全文或意见段。有增无减的更正、补充使得会计信息失去时效性，大大影响了会计信息披露的可信度。

总之，经过几十年的改革和发展，我国在会计、审计以及信息披露方面的准则和制度建设取得了长足进步，然而由于我国资本市场新兴加转型的特点，各类问题不断涌现，信息质量依然是我国资本市场面临的一个非常严重的问题，对投资者正确定价会产生严重的影响。

# 3.2　投资者的行为

## 3.2.1　我国证券市场的概况

我国的股票市场，以 1990 年 12 月上海证券交易所成立与 1991 年 4 月深圳证券交易所成立为标志，在短短的 20 多年间已经得到迅速的成长，在国民经济中的地位和作用都得到了很大程度的提高。到 2005 年年底，在上海和深圳证券交易所挂牌上市的公司共有 1 380 家。我国的股票投资者人数已由 1993 年的 700 多万人增加到 2003 年的 3 500 多万人。目前，国内专业证券机构和其他证券营业机构已分别达到 100 多家和 3 000 多个。总之，随着市场规模的迅速扩大和经济功能的日益完善，股票市场已成为影响中国社会经济生活的重要因素。

就我国证券市场投资者的构成来看①，其大体可以分成机构投资者和散户投资者。在 2000 年以前，我国的证券市场完全是以散户为主的市场。到 2000 年年底，深圳证券交易所开户总数达到 2 843.29 万，其中：个人投资者开户达 2 828.98 万，机构投资者开户达 14.31 万；上海证券交易所开户总数到 2 957.84 万，其中：个人投资者开户达 2 944.89 万，机构投资者开户达 12.95 万。将

---

① 相关数据来自深交所和上交所网站。

两市汇总，个人投资者占到开户总数的 99.5%，而机构投资者仅占到 0.5%。从流通股市值占比看，上证所 1999 年的数据显示，个人投资者持股市值达 3 672.8 亿元，占流通股市值的 89.33%；机构投资者持股市值达 438.76 亿元，占流通股市值的 10.67%。然而，近几年在大力发展机构投资者的战略指导下，我国的机构投资者已获得了快速的发展。据有关统计资料显示①，截至 2004 年 11 月，我国基金份额已经达到了 3 187 亿份，基金资产净值也达到了 3 244 亿元，约占沪深两市 A 股流通市值总和的 1/4；基金市场规模比 2003 年扩大了 2 倍，而 2004 年一年的市场份额就几乎接近过去六年的总和。除了基金的超常规发展之外，2004 年，QFII 已经从 2003 年 5 月的首批 2 家获准进入，发展到 27 家；社保基金 2004 年的入市资金总额也由 2003 年 6 月的首期 140 亿元，增加到约 380 亿元。另外，商业银行被允许成立基金管理公司，保险公司获准直接进入股市二级市场投资，企业年金入市的相关准备工作也已启动。这一切都表明，我国资本市场主体结构已由过去的单一化向多元化、多层次转变；参与主体由以幼稚的散户为主体，转变为由成熟度较高的机构投资者和散户共同参与，二者的投资行为将会对市场异象产生不同的影响。下面我们将分别探讨散户投资者和机构投资者的行为特征及其对市场异象的影响。

### 3.2.2　个体投资者心理和行为研究

目前，国内关于个体投资者心理和行为的研究成果还比较匮乏，也很分散。但包括心理学研究者和经济学研究者在内的国内学者，已通过调查问卷方法、心理实验方法以及数量检验方法等，对我国证券市场投资者的投资心理和投资行为开展了一些尝试性的研究，并取得了一些很有价值的实证结论。

---

①　相关数据来自上交所、深交所网站以及 wind 数据库。

### 1）我国个体投资者的心理和行为特征

关于我国个体投资者的投资心理和投资行为特征，国内学者彭星辉和汪晓虹（1995）较早地利用调查分析方法，对上海股票市场的投资者进行了涉及投资行为特点和个性心理差异方面的调查研究。研究表明：我国上海股市中的投资者以中小投资者为主，其投资行为暴露出了资产组合单一、以短期投资为主的特点；影响投资者投资绩效的主要因素有：投资者的性格、品质、能力和社会经济环境。在投资行为上，高反应性个体（感受性高、活动性低）会采取较多的辅助投资方式（如看有关股票的杂志，了解经济动态、公司业绩，进行股票分析、交流等），倾向于选择较为保守和低风险的投资策略；而低反应性个体（感受性低、活动性高）则倾向于选择较为冒险或者说高风险的投资策略。

赵云飞和戴忠恒（1995）则采用开放式归因问卷，调查分析了上海股票市场的投资者对股票投资成败的归因心理。他们对投资者投资成功和投资失败的归因内容进行了比较，结果发现：影响投资者股票投资成败归因的主要内容有能力、果断、信息、政策、资金、时间等 13 项。对于成功和失败，投资者的能力、果断性、运气等 9 项归因有显著的差异。从内外归因的角度分析，普通投资者对成功倾向于作内归因，对失败则倾向于作外归因，这一调查结论和前文提到的自我归因偏差是相符的。此外，他们还对不同特征的投资者所具有的归因特点进行了分析比较。

应当说，上述研究是我国学者进行的关于投资者心理和行为的早期研究，当时还没有行为金融理论的研究作引导，他们的研究所遵循的也主要是传统心理学研究的相关思路和方法，所以有关结论具有时限性，但不可否认，这些研究对于考察我国投资者的投资心理和投资行为特征仍有一定的参考意义。

### 2）我国个体投资者的认知偏差

近年来，随着国外行为金融和对投资者行为研究的相关成果被引入国内，我国的有关学者也开始尝试关于投资者认知心理的相关研究。李心丹等（2002）对中国证券市场的投资者行为进行过系统性的研究。在其主持的上证联合研究计划第三期课题报告中，通过"投资者行为的心理实验"、"投资者交易账户数据的实证检验"和"投资者行为问卷调查"等研究方式，他们发现：①影响我国投资者行为的外因主要有宏观环境因素、政策及市场因素、信息获取因素和上市公司因素等，投资者的个体因素则是影响其行为的内因。②我国投资者在投资行为上存在诸多的认知偏差。其主要有："确定性心理"、"损失厌恶心理"、"后见之明"、"过度自信"、"过度恐惧"、"政策依赖性心理"、"暴富心理"、"赌博心理"、"从众心理"、"代表性偏差"、"可得性偏差"、"情感依托"、"锚定心理"、"选择性偏差"、"保守性偏差"和"框架效应"等。这些偏差有的在国外研究中已经发现，有的则具有中国特色，它们对投资者行为交互作用，导致投资者行为常常呈现过度反应的倾向，进而在相当程度上加剧了证券市场的震荡，影响了证券市场的健康发展。③上述心理弱点会对投资者的投资行为产生明显的危害。同时，某些别有用心的庄家、机构、证券中介机构会利用投资者的这些认知偏差牟取暴利。

董梁（2003）针对我国的投资者群体，利用调查问卷的方法对国外研究较多且已被行为金融模型研究引入的六种投资者非理性心理进行了研究，结果发现：中国投资者具有明显的保守性偏差、过度自信、损失厌恶和自我归因偏差。小数法则和私房钱效应在多数心理测试和实验中也存在。此外，多数的心理偏差在机构投资者身上比在一般投资者身上有更加显著的表现。他因此认为：非理性的心理和行为并不是一种简单的通过学习和经验的积累就能够消除的现象，而是和人的本性有关的一类因素，并不会随着市场和投资者的成熟而逐步消失，故在金融市场中研究这些因素将具有长期意义。

### 3）我国个体投资者的投资行为异象

除了上述调查式的研究外，我国学者还对投资者的投资行为异常现象进行了实证研究。赵学军和王永宏（2001）较早对中国股市的"处置效应"进行了研究，他们的结论是：我国投资者更倾向于卖出获利票、继续持有亏损股票，样本投资者卖出赢家的倾向是其卖出输家倾向的 2 倍，这一结果高于 Odean（1998）的 1.5 倍的水平，说明中国投资者想赢怕输的心理比美国投资者更为严重。这在一定程度上也反映出我国投资者更加不理性的一面。吕岚和李学（2002）的实证研究也发现我国股市存在处置效应，且与美国股市相比，我国股市的处置效应在年末相对增强；同时，和机构投资者相比，我国个体投资者的处置效应更强烈。此外，处置效应在不同资金量账户中的表现程度也不同，资金越少的账户，在获利时风险厌恶程度越高，持有盈利证券的时间越短，而在亏损时风险偏好程度越高，持有亏损证券的时间越长。

我国投资者也存在过度交易的倾向。李心丹、王冀宁和傅浩（2002）对我国 1998—2001 年间个体证券投资者的交易行为进行了实证研究，结果表明：我国投资者的交易次数过于频繁。在他们的统计样本中，高、中、低组（按交易次数分类）的平均交易次数均大大超过美国投资者的平均水平（6 次）。这在某种程度上反映出了我国投资者急于求成、渴望一夜暴富的心理，同时也反映出我国投资者存在比较严重的过度自信偏差。此外，他们的研究还表明：个体投资者的投资收益率普遍未能超过大盘，即过度交易损害了投资者的财富。从他们的统计结果上来看，投资者的交易次数与其投资收益率呈现显著的负相关关系，交易次数越高，投资收益率越低。交易次数最高组的平均收益率不仅没有达到同期银行利率甚至是负数，这在他们的统计时间段内（一轮大牛市）无疑是一个

典型的反面例证。不同交易频率投资者的收益率比较如图 3-1
所示。

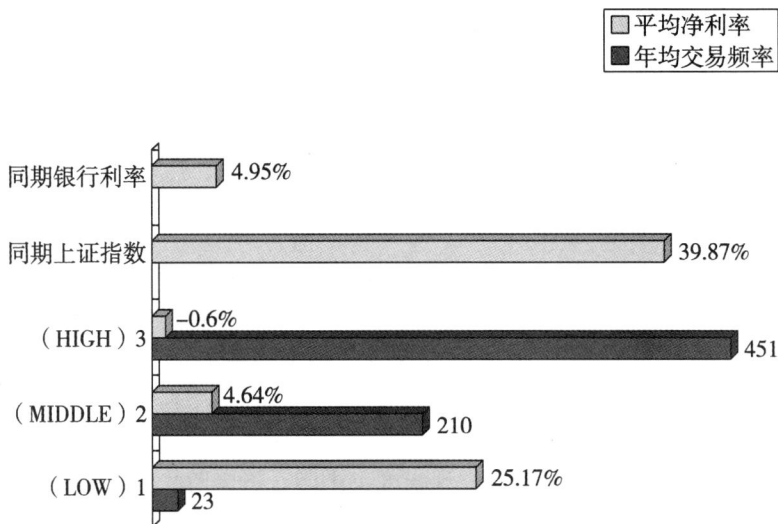

图 3-1　不同交易频率投资者的收益率比较

另外，现有的研究也表明，我国个体投资者存在羊群行为。宋
军和吴冲锋（2001）选择中国股票市场研究（CSMAR）数据库中
1992—2000 年区间沪、深两市的相关数据和美国标准普尔 500 指
数样本股为研究对象，使用个股收益率的分散度指标，对我国证券
市场中的羊群行为和美国证券市场中的羊群行为分别进行了检验并
予以比较，结果显示：我国证券市场中的羊群行为程度要高于美国
证券市场中的羊群行为程度。这说明相对于西方投资者比较成熟的
投资理念，我国投资者的理性意识还不健全，从众、跟风等非理性
行为比较严重。

孙培源和施东晖（2002）则基于资本资产定价模型建立了用
于检验羊群行为的回归模型，并依据一个更为敏感的分散度检验指

标，对我国证券市场的羊群行为进行了实证研究。研究结果表明：由于信息不对称和政策干预频繁，在这种制度和市场环境下，我国股市存在一定程度的羊群行为，并导致系统风险在总风险中占据较大比例。

孙培源和施东晖（2004b）指出：上述研究中采用的分散度指标无法区分伪羊群行为和真羊群行为。为此，他们以资本资产定价模型为基础，定义了一个新的度量市场羊群行为的指标，并据此对中国股市的羊群行为及其经济含义进行了实证检验。他们发现：在政策干预频繁和信息不对称严重的市场环境下，投资者在市场极端波动时存在一定程度的羊群行为，且羊群行为在市场的大涨和大跌时存在差异，即当市场处于明显牛市时，羊群行为更加突出，而当市场处于熊市时，羊群行为却没有加剧的倾向，这反映出我国投资者存在"追涨"倾向。

### 3.2.3 我国机构投资者的特征和行为

1）我国机构投资者现状分析[①]

（1）开放式基金正在成为市场的主导力量

据中国证监会的统计，截至 2004 年年底，已经成立的 38 家基金公司一共管理着 161 只基金，总份额达到 3 309.47 亿份；基金业资产净值达到 3 246.26 亿元，其中持有的股票市值达到了 1 663.10亿元。根据对已披露 2004 年年报的上市公司前十大流通股股东情况的统计，基金公司共持有 386 只股票。在已披露 2004年年报的上市公司中，有 35 家前十大流通股股东均是基金，有 34家前十大流通股股东中有 9 家是基金，而前十大流通股股东中超过 5 家是基金的公司达到了 186 家。新的基金品种不断增加，上市型

---

① 此部分相关数据根据中国证监会网站、中国保监会网站以及聚源数据库汇总得到。

开放式基金（LOF）已经开始发行，交易所交易基金（ETF）也将陆续粉墨登场，基金规模进一步扩大。目前，我国基金规模已经占证券市场市价总值的8%左右，占流通市值的近30%。它们是市场上规模最大的"阳光"资金，基金正在成为市场上的主导力量。2002年汽车板块的上涨、2003年"五朵金花"行业的价值发现以及2004年上半年基金重仓股的抛售风潮无不显示基金力量之所在。就单个基金公司而言，它们管理的资金规模通常在数十亿元到数百亿元之间，资金实力强大，对市场和个股股价的影响力可想而知。

（2）证券公司资金实力微薄

证券公司投入证券市场的资金包括公司自有资金和代客理财资金。根据有关资料，我们估计多数证券公司管理的资金规模在数十亿元，与基金公司相比，存在明显差距。目前，券商合法合规的融资渠道十分有限，融资品种中短期的多，长期的少。长期的融资渠道主要是发行债券和增资扩股。但是，由于近年来市场状况不佳，券商盈利困难，能够发债和增资扩股的券商可谓凤毛麟角。同样是由于市场的原因，券商代客理财业务出现萎缩。至于现行的股票质押贷款、同业拆借等短期融资渠道，由于受到银行方授信额度的限制，券商也很难得到足够的资金供给。2003年下半年，证监会发布《证券公司债券管理暂行办法》及其他相关文件，券商融资有了新的希望。2004年4月，有关部门出台了涉及券商交易所国债回购的一系列措施，券商国债欠库问题暴露，最终导致券商资金面更加紧张。当前，我国大多数券商的经营管理是属于粗放型的，加之我国证券市场处于不成熟阶段，证券公司对资产管理尚未形成独立的投资理念，在资金面紧张和融资困难的情况下，券商很难成为市场的真正主力。

（3）QFII仍然处于探路阶段

2005年3月国家外汇管理局批准瑞士信贷第一波士顿（香港）

有限公司增加 QFII 投资额度 1 亿美元，加上此前的 0.5 亿美元，其投资额度增至 1.5 亿美元。至此，已有 26 家 QFII 获得投资额度 37.5 亿美元，直逼 40 亿美元的试点上限。根据对已披露 2004 年年报的上市公司十大流通股股东情况的统计，QFII 持有的公司数量达到了 46 家，其持仓按 2004 年 12 月收盘价计算的市值总额达到了 36.3 亿美元。其中，4 家 QFII 同时持有的公司为 3 家，3 家 QFII 同时持有的公司为 4 家，2 家 QFII 同时持有的公司为 10 家。对上市公司 2004 年半年报的统计显示，QFII 共持有 56 家上市公司的股票，其持仓按 2004 年 6 月收盘价计算的市值总额为 39.41 亿美元。QFII 在我国仍处于试验阶段，由于这些境外机构对中国市场和上市公司的研究尚不充分，还需要一个适应过程，但我国证券市场的对外开放是不可逆转的，相信随着时间的推移，会有更多的境外投资机构进入我国市场。

（4）社保基金入市资金逐渐增加

2003 年，社保基金第一批 140 亿元资金进入证券市场，其中 2/3 投资于债券。全国社会保障基金理事会的高层在 2005 年 3 月宣布，截至 2004 年年底，在全国社保基金 1 708 亿元的总资产中，股票投资规模为 184 亿元，占总资产的近 11%。2005 年社保基金确定可用于再投资的资金总量超过 500 亿元。根据社保基金年度资产配置计划，其中股票投资为 88 亿 ~ 178 亿元。根据对已披露 2004 年年报的上市公司十大流通股股东情况的统计，社保基金持有的公司数量已经达到了 109 家，持有的市值总额已达到 31.84 亿元。根据对已披露 2004 年半年报的上市公司十大流通股股东情况的统计，社保基金持有的公司为 148 家，持有的市值总额已达到 28.71 亿元。社保基金是国人的养命钱，资金的安全性最为重要，因此社保基金更倾向于价值投资。

（5）企业年金成为证券市场投资的新军

企业年金是指企业及其职工在依法参加基本养老保险的基础

上，自愿建立的补充养老保险制度。它是我国养老保障制度的重要支柱之一，与作为国家养老储备基金的全国社保基金、基本养老个人账户基金以及未来将要建立的区域养老金一起，共同构成我国多支柱养老保障体系。与保险资金、社保基金一样，企业年金虽说一般要委托专业机构进行管理运作，但其投资将严格执行风险控制。换句话说，这些资金都是"亏不得"的资金。统计显示，截至2004年9月底，企业年金共持有22只股票，持股市值达到4.5亿元。企业年金入市也会对证券市场的投资理念产生影响。作为养老保险重要支柱的企业年金事关员工退休后的生活质量，因此这部分资金在实际运作过程中的投资理念也和一般的共同基金有鲜明的区别。随着企业年金规模的不断扩大，其投资运作追求的"高度安全、适度回报"的投资理念必将给证券市场带来深层次的影响。由中国证监会等四部委联合发布的《企业年金基金管理试行办法》已于2004年5月1日开始施行。该办法规定，对于企业年金，可将不高于净资产50%的资金投资于定期存款、协议存款、国债、金融债、企业债等固定收益类产品及可转换债、债券基金等，其中投资于股票等权益类产品及投资性保险产品、股票基金的比例最高为30%，其中投资于股票的比例最高可达净资产的20%。劳动和社会保障部的数据显示，目前我国企业年金的规模达300亿~400亿元，预计企业年金制度全面启动后，企业年金的年增幅应超过500亿~800亿元。我国企业年金制度已经多年试点，部分年金已进入国内A股市场，如上海市企业年金发展中心和深圳市企业年金管理中心二者管理的年金总规模已超过50亿元。上述管理办法的施行将使企业年金在我国证券市场的投资不断增加。

（6）保险资金整装待发

目前，我国保险资金尚不能直接进行股票投资，只能通过购买基金间接入市。基金业的快速发展为保险资金进入证券市场提供了有利时机，保险资金是我国开放式基金的主要投资者之一。中国保监会的数据显示：截至 2005 年 4 月底，保险业总资产已突破 10 000亿元大关，达到 10 125 亿元，其中中资保险公司的总资产达到 9 890 亿元，保险资金进入证券市场的意愿强烈。2004 年 2 月，国务院九条意见明确指出"支持保险资金以多种方式直接投资资本市场"。保监会出台的《保险资金投资股票市场管理办法》规定保险公司投资股票市场的上限为其总资产的5%，这就意味着将有 500 多亿元的资金直接进入股票市场。

（7）私募基金也是不可忽视的力量

在美国，私募基金在证券市场中占有重要地位，巴菲特的柏克希尔·哈斯维公司、索罗斯的量子基金都属于私募基金。我国《基金法》并没有对私募基金做出规定，因此，我国尚不存在真正的私募基金，但私募基金的存在却是不争的事实。包括王连洲在内的权威人士估计，我国的私募基金已经形成 2 000 亿～5 000 亿元的规模。国务院发展研究中心夏斌通过对北京、上海、深圳含有"投资咨询"、"投资顾问"、"投资管理"、"财务管理"和"财务顾问"字样的近 7 000 家公司的调查，得出结论认为，我国私募基金的规模远远超过 2 000 亿～5 000 亿元。尽管总体规模较大，但这类资金总体上比较分散。由于缺乏必要的法律法规，私募基金还处于"灰色地带"，资金规模变数较大。值得注息的是，为了我国金融业的健康发展，银监会不断强化对银行风险的监管，德隆等民营投资机构资金紧张，经营困难，给证券市场带来了不利影响。由于缺乏必要的透明度，且操作手法大都以投机为主，私募基金具有明显的不确定性。

我国证券市场中重要的机构投资者包括基金公司、券商、QFII、社保基金、企业年金、保险资金和私募基金等。通过分析，我们可以看到，由于我国证券市场的制度性缺陷，再加上机构投资者在我国尚属新生事物，其难免存在一些缺陷，主要体现在：机构投资者资本金少，投资规模小，抗风险能力差；缺乏合法、有效的融资渠道；机构投资者结构不合理，角色混乱。在我国，具有长期投资倾向的社会保障基金、保险基金被禁止或有限制地进入证券市场，被市场及管理层寄予厚望的证券投资基金入市时间短、规模小。因而，增强机构投资者的发展力度，加强对机构投资者的研究越发显得重要。

### 2）机构投资者投资行为分析

事实上，无论是机构投资者还是散户投资者，在我国证券市场上都表现出明显的羊群行为①。现有的对羊群行为的实证研究主要可分为两个方向：一是以股价分散度为指标，研究整个市场在大幅波动时是否存在羊群行为；二是以基金等特定类型的投资者为研究对象，通过分析它们的资产组合变动和交易信息来判断其是否存在羊群行为。

我国学者对基金等特定类型投资者的羊群行为也有较多的实证研究，代表性研究主要有：宋军和吴冲锋（2001a）以 1998 年 10 月至 2000 年 9 月间共 8 个季度为样本期间，较早对投资基金的羊群行为进行了实证研究，结果发现：我国的投资基金存在一定程度的羊群行为，而且在高增长行业股、低价股和小盘股上有比其他类型股票更为严重的羊群行为。施东晖（2001）则利用 1999 年第 1 季度到 2000 年第 3 季度证券投资基金每季度发布的投资组合数据为样本，研究了我国基金的羊群行为。其实证结论表明：国内投资基金存在较为严重的羊群行为，同时，我国投资基金的投资理念趋同，投资风格模糊，这在一定程度上加剧了股价的波动。其中，基金热衷的行业，如电子通讯业、生物医药业和基建业发现有较严重的羊群行为。

---

① 从理论上讲，羊群行为可分为"伪羊群行为（Spurious Herding）"和"真羊群行为（Intentional Herding）"，但由于投资者的投资决策受到很多因素的相互影响，使得在实证研究中往往难以真正区分两种不同的类型。

　　袁克和陈浩（2003）应用 LSV 检验方法发现：中国证券市场以投资基金为代表的机构投资者存在显著的羊群行为，并且中国股市机构投资者的羊群行为程度要比美国股市更为严重。他们的研究同时还发现：投资基金在卖出股票时的羊群行为要强于买入股票时的羊群行为；投资基金存在追涨杀跌的倾向，且追涨倾向要强于杀跌倾向；投资基金更倾向于羊群买入（Buy in Herd）历史收益率好的股票和羊群卖出（Sale in Herd）历史收益率差的股票；随着流通股规模的变小，基金的羊群行为程度呈上升趋势，即以基金为代表的机构投资者表现出对小盘股的青睐。

　　另外，机构投资者还存在（或曾经存在）操纵市场的行为。2000 年 10 月的"基金黑幕事件"首次公开揭示了基金业存在"对倒"、"倒仓"等操纵市场的行为。2001 年 3 月 23 日，中国证监会在其网站上发布公告称，当时的 10 家基金管理公司中有 8 家在股票买卖中存在异常交易行为。

　　总之，目前国内关于投资者心理和行为的研究还不够多，但从已有的研究成果来看，过度自信、处置效应、过度交易、羊群行为等这些在国外证券市场上发现的投资心理特征和投资行为异象，在我国投资者身上也是同样存在的，而且有的程度比国外投资者还要严重。如前所述，李心丹等（2002）的研究发现我国投资者的投资心理和投资行为具有一定的中国特色，如"政策依赖性心理"、"过度恐惧"、"暴富心理"和"赌博心理"等。这些特有投资心理和投资行为特征的形成，与我国证券市场发展过程中的经济、制度和文化背景因素息息相关。应该说，我国传统文化和转型时期管理制度的特异性正以不同方式渗透到证券市场的投资行为表现及其内在机制中，这无疑会导致对我国投资者行为研究的结果有别于对西方投资者行为研究的发现。

# 3.3 小 结

本章从我国的实际出发，分析信息质量和投资者特征在我国的现状。从信息质量方面来说，我国的会计准则经过十几年的建设，已经达到一个较高的水平，与国际会计准则的趋同性越来越强；同时，审计准则、信息披露制度也不断完善。然而，我国企业的会计信息质量却不容乐观，会计信息失真成为资本市场的一个普遍现象，具体表现在：会计信息披露不真实、不及时（这主要表现为法定披露时间不遵守和重大事项未临时公告两个方面）、不充分、不可靠。作为资本市场的主要信息来源，会计信息质量不高，将会使盈余公告后的漂移现象等市场异象在我国有更突出的表现。从投资者角度看，我国个体投资者在投资行为上存在诸多的认知偏差，如"确定性心理"、"损失厌恶心理"、"后见之明"、"过度自信"、"过度恐惧"、"政策依赖性心理"、"暴富心理"、"赌博心理"、"从众心理"、"代表性偏差"、"可得性偏差"、"情感依托"、"锚定心理"、"选择性偏差"、"保守性偏差"和"框架效应"等。这些认知偏差使得个体投资者的投资行为更多地表现出"卖盈持亏"的特征。我国机构投资者还有许多市场异化行为，具体表现在：①存在（或曾经存在）操纵市场的行为；②存在明显的羊群效应。这些行为使投资者对盈余公告有不同的反应。

# 4 文献回顾

　　盈余公告后的漂移是资产定价和资本市场效率研究中最重要的市场异象之一，具体是指盈余公告后与盈余惊奇（Earnings Surprise）方向一致的、持续的超额收益，亦即资本市场中正的盈余惊奇将导致价格持续向上漂移，负的盈余惊奇将导致价格持续向下漂移。对该问题的认识有助于我们深入理解资本市场价格发现机制，并认识市场有效性理论的边界；对我们认识资本市场、货币市场及其他相关市场中的市场效率都有一定的借鉴意义；有助于解释一些市场异象问题。

　　对 PEAD 现象的研究始于 Ball 和 Brown（1968）对关于未预期盈余与超常回报之间关系的研究，他们第一次证明了公告后的漂移现象。此后，大量学者围绕这一现象存在的普遍性及其产生、发展、消逝的原因展开了一系列研究，这些研究或是检验了 Ball 和 Brown 结论的可靠性，或是分析了该现象产生的原因（方法缺陷或是市场缺乏效率）。经过 30 多年的研究，漂移现象的普遍性已经得到广泛的认可，学者们也尝试从多个角度对这一市场异象进行解释。本章将分阶段对国内外相关的研究进行回顾，以期对该问题有个深入、全面的认识。

## 4.1 国外的相关研究

　　国外对 PEAD 现象的研究基本上可以划分为三个阶段：

## 4.1.1 第一阶段：1968 年至 20 世纪 70 年代末 80 年代初——PEAD 存在性的证明阶段

自 Ball 和 Brown（1968）的研究以来，许多学者围绕这一现象的存在性以及普遍性进行了一系列由浅到深的研究，具体表现在研究数据的细化、研究对象的扩展、研究思路和研究内容的深入等方面。

### 1）研究数据从年度数据深入到一天内的高频数据

Ball 和 Brown（1968）首次证明了 PEAD 现象的存在，他们利用月度股票回报数据和年报公布数据首次发现，如果是正的未预期盈余，年报公布日后各月有正的累计超常收益率；如果是负的未预期盈余，年报公布日后各月就会有负的累计超常收益率。Beaver（1968）利用周数据发现年度盈余公布当周股价发生了显著的变化。Foster（1977）利用季度盈利和日报酬率，并运用时间序列分析建立了季度盈利预测模型，发现盈余公布日当天与前一天存在很小但统计上显著的剩余价格变动。Morse（1981）运用与 Beaver 类似的方法也发现了盈余公布当日与次日统计上显著的价格反应。Patell 和 Wolfson（1984）使用一天内的交易数据，发现当盈余公布之时，价格会有显著反应；盈余公布后一小时之内的极端价格变动频率比其他时期高出 5 倍；价格反应主要发生在盈余公告后两小时内，随后的两小时内也可以发现价格波动的迹象。从以上研究可以看出，对于 PEAD 存在性的证明，学者采用的数据经历了由最初的年度数据到后来的高频数据的发展过程，这些研究基本证实了 Ball 和 Brown 研究结论的可靠性。

### 2）研究对象的扩展——PEAD 普遍性的证明

Ball 和 Brown（1968）的研究选取的是纽交所上市的公司，相关学者对此进行了积极的拓展。Brown（1970）对澳大利亚的公司进行了研究，研究表明，在同一年度内，澳大利亚交易所的股票价格调整慢于纽交所股票的价格调整，而在盈利公告月，澳大利亚交易所却对股票价格进行较大幅度的调整。Foster（1975）将 Ball 和 Brown 的研究样本从纽交所上市的公司扩展到在美国证券市场从事交易的公司，结果发现 Ball 和 Brown（1968）的结论在美国其他交易所交易的公司中也存在。另外，Forsgardh 和 Hertzen（1975）对瑞典公司进行了相应的研究，Firth（1981）对英国公司进行了相应的研究，Knight（1983）对南非公司进行了相应的研究，这些研究都得出了与 Ball 和 Brown（1968）一致的结论。上述以不同国家数据为对象的研究综合表明 PEAD 是一个普遍存在的市场异象。Carlos Forner，Sonia Sanabria 和 Joaqu Marhuenda（2005）研究了西班牙市场，发现在控制了 Fama-French 三因素以及盈余的冲量效益后，盈余公告后的漂移现象始终存在。

3）研究思路的扩展

事实上，学者们对盈余公告后漂移现象研究的逐步展开还体现在研究主题的扩展方面，具体包括：

（1）从研究未预期盈余与超常收益之间的方向关系到数量关系的拓展

Ball 和 Brown（1968）发现未预期盈余符号与超常收益的方向之间存在一致性，在此基础上，Beaver，Clarke 和 Wright（1979）对二者之间的数量关系进行了研究，他们选取了纽约交易所276家公司作为样本，对其 1965—1974 年 10 年间的年报进行了分析，发现未预期盈余变动幅度越大，平均超常收益越大。Beaver，Lambert 和 Morse（1980）针对 1958—1976 年这 19 年间各公司每年度的价格变化百分率与每股盈利额变化率作了回归分析，也得出了类似结论。综上说明，未预期盈余与超常收益之间不仅存在方向上的一致性，而且二者在数量上也存在正相关关系。

（2）研究内容的深入

由于平均超常收益率并不是度量股票价格对盈余公告做出反应的唯一指标，研究人员还运用了超常收益率的方差来度量盈余公告的信息含量。Beaver（1968）首次运用超常收益率的方差作为年度盈余公告信息含量的计量指标，研究了盈余公告的信息含量问题。他的研究结果表明年度盈余公布当周的平均超常收益率的方差较大。May（1971）也运用这一方法分析了在美国股票交易所上市的公司在1964—1968年期间的季度盈余公告。Hagerman（1973）也运用Beaver（1968）的方法分析了场外交易市场上银行股票的盈余公布。May（1971）与Hagerman（1973）都得出了与Beaver（1968）类似的结论。

在超常收益与未预期盈余的相关性以及对盈余信息的检验中，隐含着一个基本理念，即盈余能够度量当前及未来的现金流量。这里就提出了一个问题：未预期盈余与未预期现金流哪一个与超常收益率有更高的相关性。Ball和Brown（1968）用现金流取代盈余后重复了他们的研究，研究表明当期现金流与超常收益率的相关性要低一些。Beaver和Dukes（1972）将折旧、摊销以及递延税收的变化加回盈余中，求得了经营现金流的近似值，也得出了类似的结论。Patell和Kaplan（1976）检验了经营现金流能否提供年度盈余未曾提供的信息，他们的结论是，现金流量根本不具备任何边际价值。

## 4.1.2 第二阶段：20世纪80年代至90年代中后期 ——对PEAD的初步解释阶段

在大量的研究证明PEAD现象存在之后，人们的兴趣开始转向PEAD产生的原因。20世纪整个80年代人们主要通过两个对立的理论来解释这一市场异象：一种解释是由于利用CAPM模型计算的超常收益存在不完全性或估计偏误，研究者无法根据风险全面调整原始回报；另一种解释是对部分新信息的价格反应存在滞后性。这种滞后性产生的原因可能是交易员吸收信息的失败，也可能是相关成本（如交易成本、实施的机会成本和监控成本）大于利用这些信息所获得的收益。

### 1）模型不完善或存在估计偏误

Ball（1978）认为，即使在有效的市场，基于盈余数字的交易策略也可能产生异常回报，因为 CAPM 模型计量超常收益存在估计偏误。而 Ball（1988）的研究表明存在充分的理由相信，在一些先决条件下，股票市场是有效的，因为这个市场是竞争的典范，一些研究支持了这种解释。Ball，Kothari 和 Watts（1988）认为有较大的未预期盈余时，Beta 值上升，反之下降。由于以前的研究假定 Beta 值是固定的，这样引起了超常收益向上或向下的偏差。为了解决这个问题，BKW 使用了一个估计的方法使 Beta 值每年变化。通过这种处理，BKW 发现盈余公告后的漂移现象不再明显。这一结果说明漂移现象是由 CAPM 在估计超常收益时的偏误造成的，而非源于市场的非完全有效性。另一个支持这一解释的研究是由 Foster，Olsen 和 Shevlin（1984）开展的，他们比较了两种分析盈余公告后的股票回报方法，一种是基于盈余模型（Earnings-Based Model）的方法，另一种是根据盈余公告前 60 天的超常收益形成的组合，这种方法称为证券回报模型（Security-Return Model）。在此方法下，盈余公告后的漂移现象不明显。Dyckman 和 Morse（1986）也认为利用 SRM 模型没有形成超常收益，确实说明以前研究的 PEAD 现象由定价模型的错误所致。Fama（1997）的研究表明，异象的存在并不能表明要放弃市场有效性的理论，事实上，改变计量方法异象就会消失。上述学者的研究综合表明，PEAD 现象的存在并不能否认资本市场的效率，市场异象的出现可能源于 CAPM 模型和资产定价模型的估计偏误。

### 2）滞后的价格反应

另有学者的研究表明，盈余公告后的漂移现象可能代表一种对信息的滞后反应。Lev 和 Ohlson（1982）将盈余公告后的漂移现象看成对市场有效性相关理论的极大挑战。然而，这很难解释为什么市场不能及时反映信息。一个可能的原因是交易成本阻止了市场对盈余信息完整和快速的反应。这些成本包括买卖价差、手续费、卖空成本、实施成本以及监督成本等。Bhushan（1994）研究了漂移的数量与交易成本之间的关系。他指出，即使是信息有效的市场，由于精明的投资者只有在交易收益大于交易成本时才会进行套利交易，所以漂移现象仍然可能存在。对漂移和交易成本的研究表明漂移的大小与交易成本成正比。Bhushan（1994）认为，交易成本影响交易和专业人员的套利行为，这使得漂移得以存在。

PEAD 存在的另一个可能原因是投资者对信息的解读能力存在差异，那些未能全面理解信息内涵的投资者影响了股价。例如，一些投资者可能无法根据当期的盈余立即形成对未来盈余的无偏估计，所以一些反应需要根据分析师的预测以及在未来盈余实现时才能做出。该观点与坚持市场有效性的学者的观点相差甚远。Kormendi 和 Lipe（1987），Freeman 和 Tse（1989）的研究表明，大部分可预测到的漂移可以通过盈余公告的预期来解释。

沿着投资者未能全面理解盈余的内涵这一思路，主要出现了两条研究路径：一是从盈余的时间序列特征与漂移的关系角度进行研究；二是从投资者自身的差异与漂移的关系角度进行研究。

### （1）盈余的时序特征与漂移的关系

盈余的时间序列特征对漂移影响的研究认为，由于投资者无法正确认识盈余的时间序列特征，无法根据正确的模型来修正投资预期，导致了市场中漂移异象的产生。Bernard 和 Thomas

（1990）对这个猜想进行了一系列的检验。他们发现，在季节盈余公告后的三天窗口期内出现了不成比例的漂移，但这三天的回报符号反映了盈余－回报的自回归结构。Bernard 和 Thomas（1990）认为，漂移发生是因为投资者将季节盈余当做季节性随机游走，而实际的过程是一阶差分自相关过程。他们总结认为，可预测的反应发生是因为投资者盈余预测并未全部包括季节盈余差异的序列相关①。Bartov（1992）发现市场不能正确地描述盈余的时间序列特征，并且用该原因全面解释了两期盈余公告之间漂移的产生；Ball 和 Bartov（1996）进一步研究了股价不能完全反映季节性盈余时间序列特征的原因，特别是他们提供的证据显示市场能够将这一时间序列特征分为正的自回归项和负的自回归项，但是市场系统低估了相关的参数。他们的结论证明市场在认识季节性盈余的时间序列特征时并不是完全幼稚的，然而，他们的证据也表明市场低估了真实过程的参数，因此在盈余公告后存在股票业绩的可预见性。他们的证据已被 Maines 和 Hand（1996）所检验。Burgstahler 等（1999）拓展了 Ball 和 Bartov（1996）的研究，他们检验了市场对盈余中特殊条款的反应。其结果显示，市场只是部分反映了特殊条款的过渡性特征。Soffer 和 Lys（1999）对 Ball 和 Bartov（1996）的结论提出了质疑。他们使用了两阶段去推断投资者的盈余期望，结论是，过去盈余中隐含的关于未来盈余的信息不能在投资者的盈余预期中体现，即投资者不能有效利用过去的盈余来改变预期，从而导致未来漂移的产生。Abarbanell 和 Bernard（1992）的总结认为市场不能准确处理盈余时间序列特征的部分原因在于分析师错误的分析（Lys 和

---

① 事实上，早期的一些研究已经表明季节盈余存在时间序列特征（Watts，1975；Foster，1977；Griffin，1977；Brown 和 Rozeff，1979；Bathke 和 Lorek，1984；Brown，Hagerman，Griffin 和 Zmijewski，1987），而且，一些学者发现股票价格对盈余的反应与盈余的持续性或持久性强烈相关（Beaver，Lambert 和 Morse，1980；Lipe，1986；Kormendi 和 Lipe，1987；Easton 和 Zmijewski，1989；Collins 和 Kothari，1989）。

Sohn，1990；Klein，1990；Abarbanell，1992；Mendenhall，1991；Ali et al.，1999）。Brown 和 Han（2000）选取了盈余具有一阶自回归特质的子样本，检验这些公司的回报是否具有可预测性。他们的模型比 Brown 和 Rozeff 的模型简单得多。他们认为市场未能认知盈余的自相关特征，仅仅是因为公司前期披露的信息较少（如小公司大多和不知情的投资者联系）。他们还发现，漂移是不对称的，在正的未预期盈余中有较大的漂移，在负的未预期盈余中漂移较小。Qi sun（2005）的研究发现盈余公告日经常出现股价与未预期盈余反向变动，负的未预期盈余中 30% 的股票有正的回报，正的未预期盈余中 30% 的股票有负的回报。他认为投资者对盈余信息反应不足的解释不能很好地解释这一现象，可能的解释是投资者对含有数量信息的公告反应过度，从而造成盈余公告后市场上不同的股价反应。

总之，关于盈余时间序列特征对漂移的影响，早期的学者认为两季盈余服从季节性随机游走模型。后来随着认识的深化，部分学者认为相邻两季盈余并非简单的随机游走关系，而是服从诸如一阶差分自相关过程的更复杂的时间序列关系。由于投资者无法正确认识盈余的时间序列特征，因而不能利用正确的模型改变预期，从而导致了市场中漂移现象的产生。

（2）投资者类型与漂移的关系

Bhushan（1994）认为 PEAD 是由幼稚的投资者引起的，但 PEAD 的持续性却源于有经验投资者的有限套利。Bhushan（1994）认为 PEAD 的程度和代表套利成本的代理变量呈正相关关系。但他并没有直接证明有经验的投资者的套利行为同套利成本之间的关系，也没有研究各种机构投资者在解释 PEAD 持续性中的作用。以一定比例的公司股票作为有经验投资者的代理变量，Bartov 等（2000）的研究认为 PEAD 与机构投资者的持股比例呈负相关。这个证据说明，机构投资者对某只股票持股比例的高低与其股价效度之间呈正比。同时，他们的研究结果也提供了一个额外的混合证据，即可使用机构投资者的持股比例作为有经验投资者的代理变量。Bartov 等（2000）认为机构投资者比例高的企业漂移小，这可能是因为他们更聪明，较少依靠简单的随机游走模型。Bartov，Radharkrishman 和 Krinsky（2000）提出了一个新观点，即 PEAD 是投资者成熟度（Sophistication）的函数，并提供了一些证据来支持他们的这一理论。接着，Bhattacharya（2001）也提供了同样的证据。David 等人（2002）对个人投资者对 PEAD 的驱动作用进行了研究，发现个人投资者在遇到坏消息后，购买股票的净增加量非常明显，而在遇到好消息后的购买量并不明显。另外，John E. Core，Wayne R. Guay，Scott A. Richardson，Rodrigo S. Verdi（2006）的研究表明，管理者的股票回购、内部交易行为的波动性与利用应计异象作为交易策略的信息的波动性是一致的。

总之，关于投资者类型与漂移关系的研究基本一致认为，机构投资者和个人投资者在 PEAD 的产生和持续方面的作用不同，机构投资者持股比例高的企业漂移程度较小。

### 4.1.3　第三阶段：20 世纪中后期——投资者行为角度的解释

随着行为经济学的兴起，对 PEAD 的解释也从投资者行为角度展开了。Kent Daniel，David Hirshleifer 和 Avanidhar Subrahmanyam（1998）基于两类众所周知的心理偏差——投资者过度自信和自我归因的偏差，提出了证券市场上投资者反应过度和反应不足的理论。Daniel 等（1998）和 Fischer（2001）认为漂移是由投资者对私人信息的过度反应以及伴随着自我归因偏差引起的。由于过度自信使得这些投资者过度相信私人信息，对诸如年报之类的公众信息相信不足。在这一假设下，过度自信的投资者可以推动股价，因此，利用这个模型可以预测投资者拥有的同质信息越多，漂移的程度越大。Gans（2001）研究了会计稳健性（Conservatism）对 PEAD 的意义，会计稳健性通常会导致投资者反应不足，从而增强了漂移的程度。总之，近期关于利用投资者行为来解释 PEAD 现象的研究认为，投资者的心理偏差或心理认知倾向导致了 PEAD 的产生。

Bhushan（1994）证明 PEAD 的数量与直接或间接成本正相关。然而，没有证据表明，PEAD 由于交易成本的减少而降低是由机构投资者的交易行为造成的。以前的研究暗示了交易成本影响了机构投资者的交易决定。例如，Gompers 和 Metrick（2001）发现，机构投资者持有较多大盘股和流动性好的股票。他们的计算表明，投资者的偏好能解释大约 50% 的原因，大盘股相对于小盘股价格增加了。

# 4.2 国内的相关研究

我国的股票市场是一个新兴的市场，而且有着非常不同于其他成熟资本市场的特点。近几年来，国内的学者也针对 PEAD 现象做了一些尝试性的研究。

吴世农、黄志功（1997）以沪市股票为样本，发现 1995 年年报公布后的一个月内每股收益率高的股票累计超常收益率（CAR）继续上升，每股收益率低的股票累计超常收益率继续下降，从而指出市场无效。赵宇龙（1998）通过上海股市在盈利公告前后各 8 周的股票超常收益率研究了我国上市公司年度会计盈余数据的披露与股票超常收益率之间的关系。他发现 1994—1996 年 3 个年报公布日后 8 周内，每股收益增加的股票 CAR 继续惯性下降，市场只对坏消息反应不足。薛爽（2001）对 1998 和 1999 年 133 家的 A 股预亏公司进行了研究，发现在预亏公告后，公司的股价在[-1，1]

窗口平均下降了近6%。程伟庆（2002）通过对2001年93家预亏和63家预盈公告的研究，发现预盈和预亏公告都影响了股价。童驯（2002）将公告又细分为预增、预减、预盈和预亏4种，以此考察了324家公司在2001年年报正式披露前后的股价波动。张弘和唐志（2002）对2001年业绩大幅增长、2002年中期业绩增长、2002年中期预亏的上市公司进行了研究，也证实了盈利预警信息具有信息含量。阮奕、张汉江和马超群（2003）采用标准化未预期盈余对深市A股样本进行了排序，对2000年中报和年报进行了检验，结果并不支持中国股市存在盈余惯性现象，由此否定股市存在对盈余信息的反应不足。吴世农、吴超鹏（2003）以沪市A股为样本，同样以标准化未预期盈余为排序指标，却发现2000—2001年中报和年报公布后半年内盈余惯性显著存在。张庆翠（2004）发现盈余公告后60天内，深、沪两市样本股票的超常收益与未预期盈余及标准化的未预期盈余都呈负相关，即存在与盈余惯性现象相反的盈余反转现象。吴世农、吴超鹏（2005）以2000年9月至2003年12月沪市338家上市公司为研究对象，检验了以4种不同度量方式表示同一盈余信息所产生的盈余惯性现象是否存在差异，结果表明我国投资者对盈余信息的反应依赖于信息度量的方式。杨德明、林斌、辛清泉（2007）的研究表明，我国投资者同样存在错误估计未预期盈余自相关结构的问题，投资者的一些非理性行为显著地影响了盈余惯性，但是盈利质量对盈余惯性的影响不明显。齐伟山、欧阳令南（2006）针对机构投资者对PEAD的影响做了研究；结果表明，在短时间窗口内机构投资者没有减轻PEAD的程度，而在长时间窗口内却加重了PEAD的程度。孔东民、柯瑞豪（2007）等学者的研究表明机构投资者进一步推动了好消息下的漂移，而个体投资者推动了坏消息下的漂移。谭伟强（2008）将流动性作为风险因素引入定价模型时，投资者的行为在某种程度上可以得到更好的解释。

孔东民（2008）构造了交易风险、交易成本和投资者熟练程度的代理变量对 PEAD 现象进行考察，结果发现定价偏误的程度与套利风险和成本呈正向关系，投资者熟练程度与 PEAD 程度负相关。

这些研究具有开拓性的意义，但也存在明显的不足之处。第一，这些文章主要是证明 PEAD 现象的存在，未对这一现象产生的原因进行深入研究；第二，他们分析的时间只限于某一两年或某个中期报告期间，而且其考察的样本也较少，因而不能描述出整体变动趋势；第三，大部分的时间窗口取在［–50，40］或［–40，40］，侧重于研究盈余公告对股价的影响是否具有信息含量，因而还处于检验是否存在 PEAD 现象的研究阶段；第四，由于分析的时间窗口尤其是分析的初始日的选择不一致，因而分析的结果也不同，有的还出现了矛盾。如童驯描述的 2001 年预增公告的平均 CAR 走势和张弘、唐志描述的 2001 年预增公告的平均 CAR 走势是相矛盾的。前者描述的 CAR 在 0 线以上，并稳步上升，而后者描述的 CAR 在公告前 16 天才开始向上。

# 4.3  小  结

从上述国内外的研究可以看出，当 PEAD 这一市场异象被发现之后，引起了国内外学者的关注。国外学者对这一现象的研究是一个逐步深入的过程，经历了从利用各种数据证实该现象的存在到从各个角度解释 PEAD 的产生、持续和消失的原因等不同的阶段，发展至今，对该问题的研究已经比较成熟和深入。但是这些研究存在两个问题：①针对影响 PEAD 的某些因素进行研究；②静态考察个别因素对 PEAD 的影响。

我国对 PEAD 的研究还处于初级阶段，无论是研究方法还是研究问题的深度都显不足。本书在借鉴前人研究的基础上，从信息扩散的角度出发，动态、系统地考察了 PEAD 的整个过程中各主要部分的影响，从而使我们对 PEAD 有了全面、系统化的认识。其具体主要从以下两方面进行深化：①研究信息不确定性对 PEAD 存在性和持续性的影响；②研究投资者不同类型对 PEAD 产生、发展和消失的影响。

# 5 我国证券市场 PEAD 的现象特征分析与国际比较

本章对我国 1999—2003 年间上市公司盈余公告后的漂移现象进行了描述分析，并与国外的研究进行比较，以期发现我国 PEAD 现象独特的一面。本章的安排如下：首先，从总体上描述和分析我国的 PEAD 现象；其次，从流通股的大小、市盈率的高低以及股价的高低等几方面分别研究、分析我国上市公司的 PEAD 现象；最后，将我国证券市场的 PEAD 与国外的进行对比，分析出我国证券市场 PEAD 的独特之处，为我们深入研究这一现象提供基础。

## 5.1 我国 PEAD 的总体趋势

### 5.1.1 研究设计

本节的数据全部来源于香港理工大学与深圳国泰安信息技术有限公司联合开发的 CSMAR 数据系统。本研究选定 1999—2003 年间上市公司的数据作为研究对象，以 1999 年为起点是由于我国《证券法》在当年颁布实施，我们假设这标志着中国证券市场信息披露基本步入正规化，从而使我们的研究具有实际的指导意义。

## 1）研究方法

（1）未预期盈余的衡量

关于未预期盈余的衡量主要有以下几种方法：

其一，未预期盈余 UE1

其主要是采用随机游走模型来估计未预期盈余[①]，根据随机游走模型，本期预计每股收益 E（$EPS_{i,t}$）等于上期的每股收益，即 $EPS_{i,t-1}$。因此，未预期盈余 UE1 可以表示为：

$$UE1_{i,t} = EPS_{i,t} - EPS_{i,t-1} \tag{5-1}$$

其二，未预期盈余 UE2

$$UE2_{i,t} = \frac{EPS_{i,t} - EPS_{i,t-1}}{|\ EPS_{i,t-1}\ |} \tag{5-2}$$

可以看出，这种未预期盈余的度量方式采用的是每股收益的实际值对比预期值的变化率，分母取绝对值是为了避免当预期盈余为负值时会改变分子的符号。另外，当分母为零时，若分子为正，则设定 UE2 为 3；若分子为负，则设定 UE2 为 -3。

其三，标准化未预期盈余（Standardized Unexpected Earnings）SUE1

$$SUE1_{i,t} = \frac{UE1_{i,t}}{\sigma_{UE1}} \tag{5-3}$$

其中：$\sigma_{UE1}$ 表示股票 i 在年度 t 及其前 4 个年度内未预期盈余 UE1 的标准差。

其四，标准化未预期盈余 SUE2

$$SUE2_{i,t} = \frac{UE2_{i,t}}{\sigma_{UE2}} \tag{5-4}$$

其中：$\sigma_{UE2}$ 表示股票 i 在年度 t 及其前 4 个年度内未预期盈余 UE2 的标准差。

---

[①]　Foster，Olsen 和 Shevlin（1994）曾经检验了各种不同盈余的预期模型，用这些模型计算出未预期盈余，来解释盈余公告后股票收益的波动，发现用随机游走模型得出的未预期盈余的解释能力并不比其他复杂的盈余预期模型逊色。

其五，未预期盈余 UE3

分析师预测法主要是指首先计算公司 j 报告的非正常项目前的每股收益与分析师预测的差值，其次利用这个差值除以该公司盈余公告前 20 天的股价，从而求得未预期盈余 UE3（Jennifer Francis，Ryan LaFond，Per Olsson，Katherine Schipper，2004）。

其六，未预期盈余 UE4

首先计算公司 j 报告的本期非正常项目前的每股收益与上期非正常项目前的每股收益的差值，然后利用这个差值除以该公司盈余公告前 20 天的股价，从而求得未预期盈余 UE4。

（2）关于累计超常收益率的计算

计算累计超常收益率的方法有如下三种：

第一，风险调整后的非正常报酬率（Risk Adjusted Abnormal Return）。它等于某只股票在某个时期的实际报酬率 $R_{it}$ 减去由该股票的系统风险系数 $\beta$ 所决定的正常报酬率 $ER_{it}$，用公式表示为：

$$AR_{it} = R_{it} - ER_{it}$$

其中：$ER_{it}$ 是由资本资产定价模型或者市场模型（Market Model）估计出来的股票 i 在 t 时期的正常报酬率。

第二，均值调整后的非正常报酬率（Mean Adjusted Abnormal Return）。它等于某只股票在某个时期的实际报酬率 $R_{it}$ 减去该股票在此前一段时间内的实际报酬率的均值。其计算公式为：

$$AR_{it} = R_{it} - \bar{R}_i$$

其中：$\bar{R}_i = \dfrac{1}{L_1} \sum_{t=(L_1+L_0)}^{-L_0} R_{it}$，它表示股票 i 在估计期（$-(L_1+L_0)$，$-L_0$）内的日平均收益率。

第三，市场调整后的非正常报酬率（Market Adjusted Abnormal Return）。它等于某只股票在某个时期的实际收益率 $R_{it}$ 减去相应时期市场组合的实际报酬率。该模型假定公司间的事前预期收益是相等的，计算公式为：

$$AR_{it} = R_{it} - R_{mt}$$

其中：$R_{mt}$ 表示市场组合在 t 日的收益率，股票 i 在时间（$T_1$，$T_2$）的累计超常收益率可表示为：

$$CAR_{i[T_1, T_2]} = \sum_{I=T_1}^{T_2} AR_{i,t} \qquad (5-5)$$

本节主要使用第一和第三种方法计算未标准化和标准化的未预期盈余，同时，使用市场调整后的非正常报酬率计算累计超常收益率。

2）描述性统计

全样本研究变量的描述性统计见表 5-1。

表 5-1　　　　全样本研究变量的描述性统计

| 变量 | 观测值 | 均值 | 标准差 | 最小值 | 最大值 |
|------|--------|------|--------|--------|--------|
| ue | 4 101 | −0.0086 | 0.095 | −2.98 | 3.15 |
| sue | 4 101 | −0.16 | 0.94 | −4.5 | 4.48 |
| car | 4 101 | 0.003 | 0.072 | −0.96 | 0.44 |
| pe | 4 101 | 53.9 | 55.2 | −27.14 | 261.5 |
| close | 4 101 | 8.67 | 4.54 | 1.16 | 46.2 |
| mosha | 4 101 | 1.32e+08 | 1.88e+08 | 8 349 000 | 4.74e+09 |

## 5.1.2　我国 PEAD 的总体趋势

我们将上市公司的未预期盈余从大到小排列分成 10 等份，形成 10 个投资组合。投资组合 1 代表未预期盈余最小的一组，投资组合 10 代表未预期盈余最大的一组（各组未预期盈余的均值见表 5-2），然后，以各公司盈余公告前 60 天为起点，计算各组合从公告前 60 天到公告后 60 天的累计超常收益率（如图 5-1 所示）。我们发现，从整体上看，未预期盈余为负的投资组合（1、2、3、4、

5、6）的累计未预期盈余主要分布在 X 轴的下方，并且未预期盈余负的最大的组——1 组，向下漂移的越大。同理，未预期盈余为正的投资组合（7、8、9、10）的累计未预期盈余主要分布在 X 轴的上方，并且未预期盈余正的最大的一组向上漂移的最大。

表5-2　　　　　　**各投资组合未预期盈余的均值**

| 投资组合 | 1 | 2 | 3 | 4 | 5 | 6 | 7 | 8 | 9 | 10 |
|---|---|---|---|---|---|---|---|---|---|---|
| 未预期盈余（均值） | -0.78 | -0.21 | -0.11 | -0.06 | -0.03 | -0.01 | 0.01 | 0.03 | 0.07 | 0.28 |

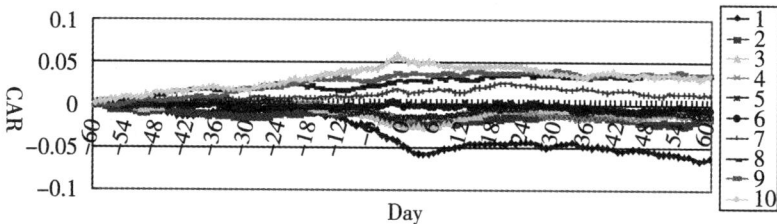

图5-1　**不同未预期盈余下的 PEAD 对比**

另外，在盈余公告前，无论是好消息还是坏消息的投资组合都对企业的盈利信息有所反应。为了进一步观察未预期盈余为正的各投资组合之间与未预期盈余为负的各投资组合之间的 PEAD 的差异，我们分别作图 5-2 和图 5-3。

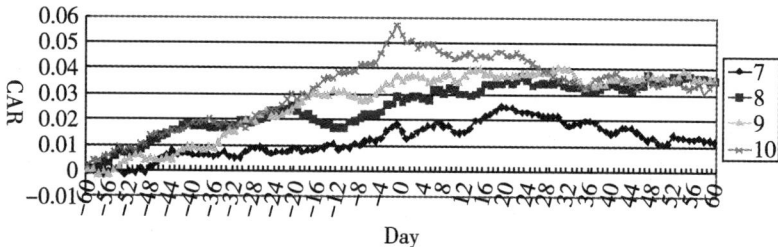

图5-2　**未预期盈余为正的各投资组合的 PEAD**

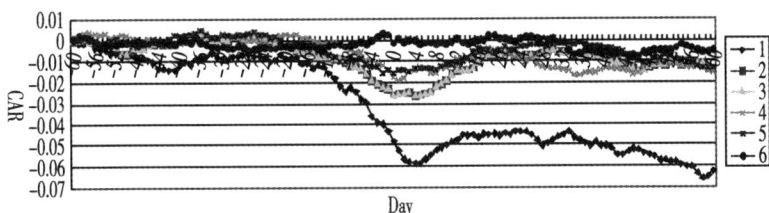

**图 5-3   未预期盈余为负的各投资组合的 PEAD**

从图 5-2 中可以看出，在所有的未预期盈余为正的投资组合中，未预期盈余小的组合漂移越小，并且在盈余公告的前几天 CAR 值达到一个高点，而在盈余公告的当天，股价都会出现不同程度的下跌，只是在未预期盈余最大的组合中（10 组）特别明显，而且盈余公告后 10 组的 CAR 值呈现下降趋势。这说明未预期盈余大的市场反应较大，并且市场反应过度的情况更明显；而对于未预期盈余不是很大的组（7、8、9），CAR 值逐步增加并趋于平稳。

如图 5-3 所示，未预期盈余程度越大的投资组合市场反应越强烈，而且在盈余公告后的 5 天里，各投资组合的股价继续下跌，随后，股价开始逐步上涨。另外，未预期盈余的绝对值最小的第 6 组，市场的反应很小，说明对这类投资组合市场的定价是准确的。

为了进一步说明好消息与坏消息的投资组合的漂移差异，我们单独选出第 1 组和第 10 组的投资组合，以盈余公告前 60 天为起点，时间跨度为盈余公告前后各 60 天，作图 5-4。由图 5-4 可以看出，在盈余公告前，具有好消息的投资组合股价持续上扬，在盈余公告前达到顶点；而坏消息的投资组合股价持续下跌的幅度并不大，只是在接近盈余公告日时突然下跌，并在盈余公告日后持续下跌。为了进一步展示这两种组合盈余公告后的漂移变化，我们还以盈余公告日为起点，以盈余公告日后 90 天为时间跨度作图5-5。由图5-5可以看出，盈余公告后，好消息一组的超常收益率为负，说明股价在下跌，而坏消息一组在盈余公告日后的股价持续下跌，5天左右价格开始上涨，到33天左右，股价又重新下跌。所以形成了特有的图形，即好消息的一组盈余公告后股价持续下跌，而坏消息的一组盈余公告后股价先下跌，再上涨，然后再下跌。

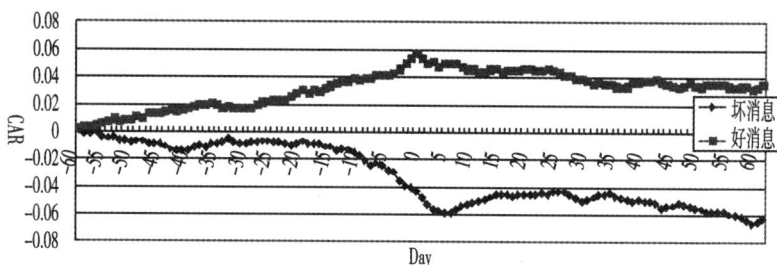

图5-4　第1组和第10组的PEAD图

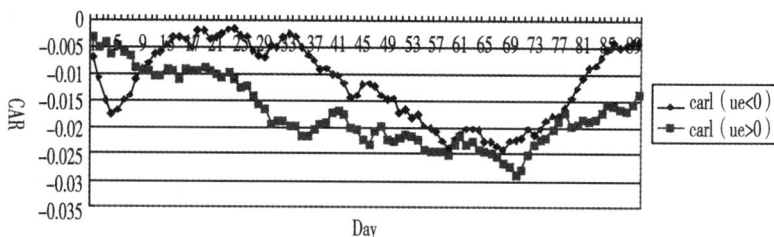

图5-5　第1组和第10组盈余公告后90天的PEAD图

从上述分析可以看出，无论是好消息还是坏消息，未预期盈余绝对值的大小对盈余公告后的漂移现象有着重要影响。未预期盈余程度越高，市场的反应越明显，漂移也越明显。为了深入研究不同分类情况下PEAD的变化趋势，在第二节中，我们研究了不同流通股规模、不同市盈率以及不同股价水平下的PEAD变化趋势。

# 5.2　不同分类情况下的 PEAD

## 5.2.1　流通股规模对 PEAD 的影响

我们将所有的样本股票按流通股规模排序，然后按 33%、67% 分位数将流通股规模分成 3 类，即大盘股、中盘股和小盘股，并在每一种类型的组合中将未预期盈余从小到大排列，再分成 5 等份，从而形成 5 个投资组合，以投资组合 1 代表坏消息一组，投资组合 5 代表好消息一组，以此为基础研究 PEAD 的运动趋势（见表 5-3）。

表 5-3　　　　　大盘股各投资组合未预期盈余均值

| 投资组合 | 1 | 2 | 3 | 4 | 5 |
|---|---|---|---|---|---|
| 未预期盈余 | -2.28 | -0.42 | -0.10 | -0.03 | 0.08 |

### 1）大盘股的 PEAD 现象

从图 5-6 可以看出，对于好消息的投资组合，盈余公告前两个月到盈余公告后两个月整体呈上升趋势，在 60 天左右 PEAD 达到 4%；对于坏消息的投资组合，大盘股的 PEAD 在盈余公告前 30 天开始下降，盈余公告后 PEAD 先下降随后开始上升，到 60 天时，PEAD 值达到 6%。在中国，大部分大盘股是国有或国有控股企业，坏消息反而促使 PEAD 向上，这恰恰证明了投资者对大盘股存有复杂的预期心态，即大盘股好是正常的，如果不好，作为大股东的国家，肯定会采取种种措施来干预企业，反过来促进企业向好的方向发展。投资者对好消息和坏消息不同的态度反映了其存在着这种"逆向"的预期心理。

### 2）中盘股的 PEAD 现象

对于中盘股（对 PEAD 的影响见表 5-4），好消息的 PEAD 盈

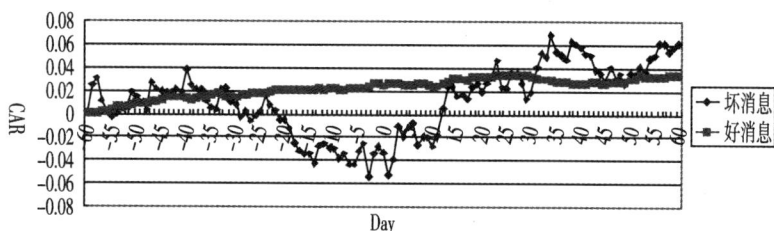

图 5-6　大盘股对 PEAD 的影响

表 5-4　　　　　　　　　中盘股对 PEAD 的影响

| 投资组合 | 1 | 2 | 3 | 4 | 5 |
|---|---|---|---|---|---|
| 未预期盈余 | −2.59 | −0.39 | −0.08 | −0.02 | 0.08 |

余公告前后略有上升，但增加不大；坏消息的 PEAD 在盈余公告前大部分时间市场未做出任何反应，但在盈余公告前 10 天，市场开始有反应，PEAD 开始下降。盈余公告后，中盘股中的坏消息投资组合开始急剧下降，5 天内 PEAD 下降到−18%。中盘股中投资者对好消息的反应很冷淡，而对于坏消息，在盈余公告前几日开始做出反应，当盈余公告后，坏消息被证实，市场反应相当剧烈，在盈余公告后的 15 天左右达到底点，40 天左右开始逐步反弹，在 60 天时 PEAD 为−10%。具体结果如图 5-7 所示。

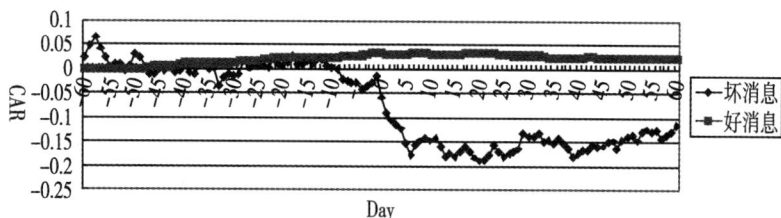

图 5-7　中盘股对 PEAD 的影响

3）小盘股的 PEAD 现象

图 5-8 小盘股对 PEAD 的影响表明小盘股的 PEAD 与大盘股的

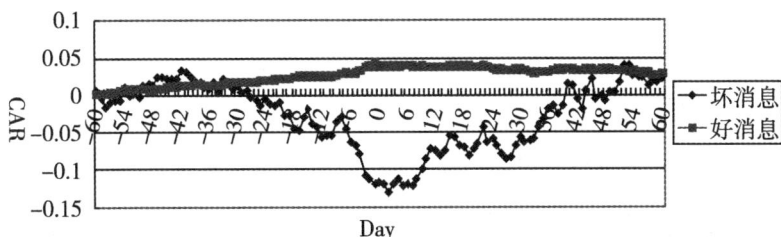

图 5-8　小盘股对 PEAD 的影响

图形有些类似。对于好消息的投资组合，PEAD 在盈余公告前 2 个月开始缓慢上升，在盈余公告前后达到高点（4%），随后 PEAD 开始逐渐下降，在 60 天时达到 2.8%；对于坏消息的投资组合，PEAD 在盈余公告前 40 天左右开始下降，在盈余公告日前后达到底点（-13%），随后股价不断上涨，PEAD 稳步攀升，在 60 天时达到 2.8%。对于小盘股的 PEAD，好消息与坏消息都表现出不同程度的反转现象，只是好消息的反转现象较轻，而坏消息的反转现象较明显，可能是由于小盘股盘子小，股性活跃，容易操纵。这反映了我国股票市场上对小盘股的投机行为。小盘股下各投资组合未预期盈余均值见表 5-5。

表 5-5　　　　小盘股下各投资组合未预期盈余均值

| 投资组合 | 1 | 2 | 3 | 4 | 5 |
|---|---|---|---|---|---|
| 未预期盈余<br>（均值） | -5.15 | -0.45 | -0.07 | -0.01 | 0.11 |

## 5.2.2　股票价格对 PEAD 的影响

我们再从股票价格的角度来分析样本股的 PEAD 现象。我们将所有的样本股票按年末收盘价排序，然后按 33%、67% 分位数将年末收盘价分成 3 类，即高价股、中价股和低价股，并在每一种类型的组合中将未预期盈余从小到大排列，再分成 5 等份，从而形成

81

5 个投资组合，以投资组合 1 代表坏消息一组，投资组合 5 代表好消息一组，以此为基础研究 PEAD 的运动趋势。

1）高价股的 PEAD 现象

从图 5-9 可以看出，对于好消息，PEAD 在盈余公告前呈平稳上升态势，盈余公告后 PEAD 变化不大，在 60 天时达到 4.4%。对于坏消息，在盈余公告前 50 天左右，PEAD 开始下降，在公告前 30 天左右达到底点，约为-10%，随后逐步上升，在公告前 10 天左右转而下降，在盈余公告时，PEAD 为 - 8%；盈余公告后，PEAD 呈上升趋势，在 20 天左右达到 0 线，随后急剧下跌，在 40 天左右跌至 13.8%，后又急速上升，在 60 天达到 0 线。这些现象表明：好消息的曲线很光滑，而坏消息的曲线拐点很多，说明在高价股中，坏消息对投资者的影响更大，投资者的反应更强烈；而好消息给投资者带来的超常收益也弱一些。高价股各投资组合未预期盈余均值见表 5-6。

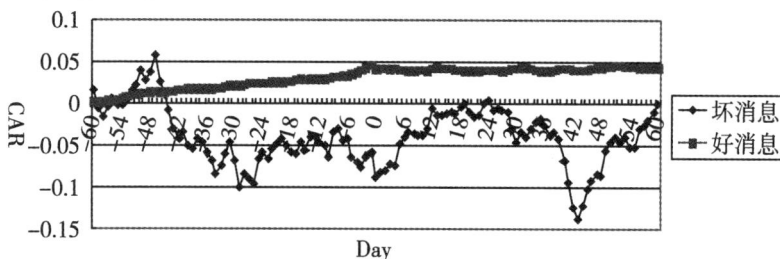

图 5-9　高股价下对 PEAD 的影响

表 5-6　　　　　　高价股各投资组合未预期盈余均值

| 投资组合 | 1 | 2 | 3 | 4 | 5 |
|---|---|---|---|---|---|
| 未预期盈余 | -1.39 | -0.28 | -0.06 | 0.00 | 0.12 |

2）中价股的 PEAD 现象

如图 5-10 所示，中价股下好消息的 PEAD 在盈余公告前略有

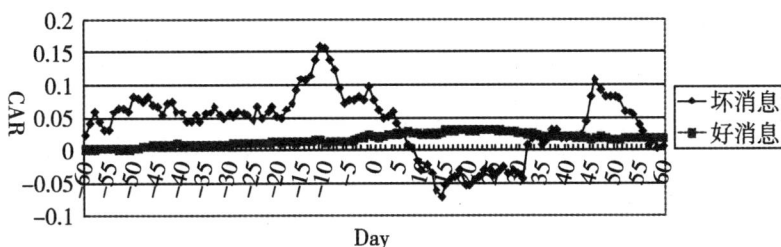

图 5-10　中价股下对 PEAD 的影响

上升，在盈余公告后略有下降，整体曲线非常接近 0 线。而坏消息的 PEAD 与低价股下的非常不同，在盈余公告前 60 天到前 20 天坏消息的 PEAD 为正值，平稳波动，随后急速上升，在盈余公告前 10 天左右上升到 15%，随即大幅下降，穿过 0 线在盈余公告后 15 天左右达到底点-7%，随后又经历一次上升和下降，在 60 天时位于 0 线附近。这些现象表明，对于中价股好消息，市场反应平淡；对于坏消息，PEAD 波动较大，并且 CAR 值总体上为正值，说明坏消息对中价股的影响没有高价股大。中价股各投资组合未预期盈余均值见表 5-7。

表 5-7　　　　中价股各投资组合未预期盈余均值

| 投资组合 | 1 | 2 | 3 | 4 | 5 |
|---|---|---|---|---|---|
| 未预期盈余 | -4.13 | -0.39 | -0.07 | -0.02 | 0.08 |

### 3）低价股的 PEAD 现象

从图 5-11 可以看出，低价股中好消息的 PEAD 在盈余公告前略有上升，盈余公告后略有下降，整体呈现平稳态势，与 0 线接近。对于低价股中的坏消息，CAR 值在盈余公告前 60 天到前 25 天与 0 线重合，说明该组合的走势与市场指数的走势是一致的。从公告前 25 天到公告后 10 天左右，CAR 值急剧下跌，达到底点 -32%，后又逐渐上升，在 60 天时达到-5%。可以看出，低价股

83

的 PEAD 图与小盘股的 PEAD 图很相似，这可能是许多低价股是小盘股的缘故。低价股各投资组合未预期盈余均值见表5-8。

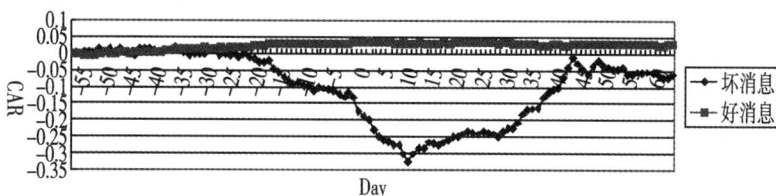

**图5-11　低价股下对 PEAD 的影响**

表5-8　　　　低价股各投资组合未预期盈余均值

| 投资组合 | 1 | 2 | 3 | 4 | 5 |
|---|---|---|---|---|---|
| 未预期盈余 | -5.84 | -0.58 | -0.13 | -0.04 | 0.07 |

## 5.2.3　市盈率对 PEAD 的影响

我们还可以从市盈率的角度来分析样本股的 PEAD 现象。我们将所有的样本股按市盈率排序，然后按33%、67%分位数将年末市盈率分成3类，即高市盈率、中市盈率和低市盈率，并在每一种类型的组合中将未预期盈余从小到大排列，再分成5等份，从而形成5个投资组合，以投资组合1代表坏消息一组，投资组合5代表好消息一组，以此为基础研究 PEAD 的运动趋势。

### 1）高市盈率股票的 PEAD 现象

图5-12高 PE 对 PEAD 的影响描述了高市盈率的 PEAD 现象，可以看出，这类股票在好消息公布后，PEAD 并不明显，在0线附近波动。但是对于坏消息的投资组合，PEAD 在盈余公告前50天开始下降，在盈余公告日左右达到底点-21%，随后逐步上升在60天时达到-11%。这表明市场对好消息表现冷淡，而对坏消息相对比较敏感。对坏消息相对敏感的原因可能是，高市盈率股票的价格本身已经很高，风险大，利好消息成为出货的契机，而一旦公布了

坏消息，便会造成恐慌，加大风险。高市盈率各投资组合未预期盈余均值见表 5-9。

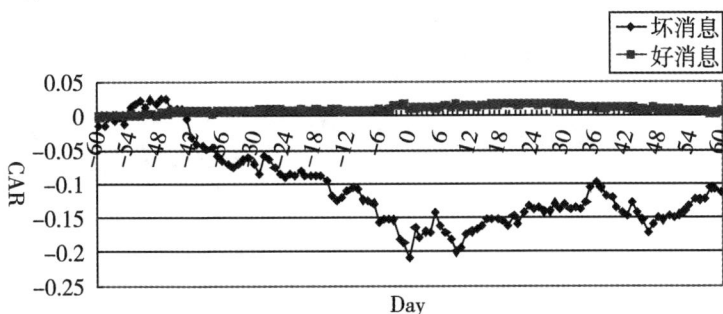

图 5-12 高 PE 对 PEAD 的影响

表 5-9　　　　高市盈率各投资组合未预期盈余均值

| 投资组合 | 1 | 2 | 3 | 4 | 5 |
|---|---|---|---|---|---|
| 未预期盈余 | −0.64 | −0.14 | −0.05 | −0.02 | 0.07 |

## 2）中等市盈率股票的 PEAD 现象

图 5-13 描述了中等 PE 对 PEAD 的影响，可以看出，对于中等市盈率的股票，好消息公布后，PEAD 明显向上移动，在 60 天时达到 5% 左右。而对于坏消息的投资组合，PEAD 在盈余公告前 60 天至前 20 天逐步上升，并达到高点 17%，随后大幅度下降，降至 0 线以下。上述现象表明：好消息对 PEAD 的影响相对平淡，而坏消息对 PEAD 的影响较大。中等市盈率各投资组合未预期盈余均值见表 5-10。

表 5-10　　　　中等市盈率各投资组合未预期盈余均值

| 投资组合 | 1 | 2 | 3 | 4 | 5 |
|---|---|---|---|---|---|
| 未预期盈余 | −0.63 | −0.16 | −0.04 | 0.00 | 0.08 |

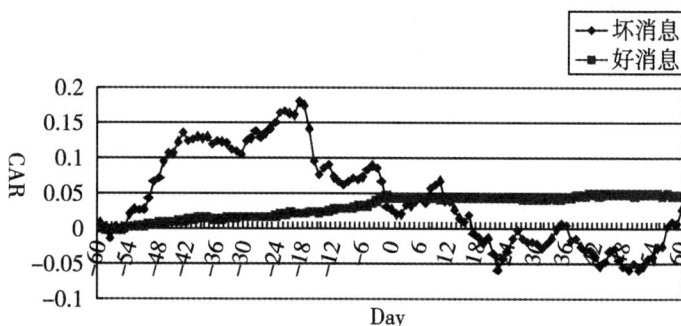

图 5-13　中等 PE 对 PEAD 的影响

## 3）低市盈率股票的 PEAD 现象

图 5-14 低 PE 对 PEAD 的影响描述了低市盈率股票的 PEAD 现象。可以看出，对于低市盈率的股票，好消息公布前后，PEAD 在 0 线附近波动。对于坏消息的投资组合，在盈余公告前 50 天左右 PEAD 开始下降，盈余公告后继续下降，在公告后 6 天左右达到底点-18.8%，随后逐步上升并穿过 0 线，在 60 天达到 8%。一般来说，低市盈率的股票都是业绩较好的蓝筹股，股本规模一般较大，盈余质量也较好，市场炒作的成分可能相对较低；而对于好消息的投资组合，其盈利能力人们能很好地预计，故定价较准，不存在反应不足的现象，漂移很小。由于投资者原来就很少投资低市盈率的股票，所以对于坏消息，投资者唯恐避之不及，所以盈余公告前后

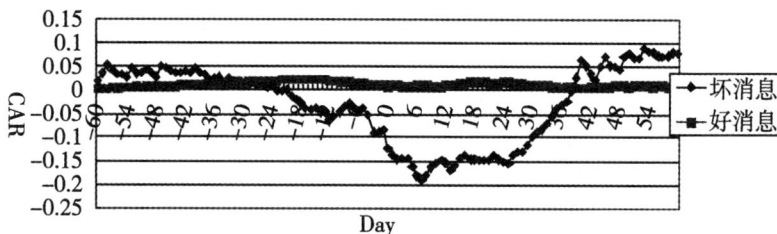

图 5-14　低 PE 对 PEAD 的影响

PEAD 持续下跌。然而投资者往往反应过度，所以随后又出现了
PEAD 上升的情形。低市盈率各投资组合未预期盈余均值见
表5-11。

表5-11　　　　**低市盈率各投资组合未预期盈余均值**

| 投资组合 | 1 | 2 | 3 | 4 | 5 |
|---|---|---|---|---|---|
| 未预期盈余 | −5.50 | −0.86 | −0.24 | −0.08 | 0.11 |

# 5.3　与国外成熟市场的比较

从现有的理论文献看，西方学者从国别的角度研究了成熟资本
市场的 PEAD 现象，并作了描述和解释，典型的主要有三种：对美
国、澳大利亚和英国的研究。在此本书将这些研究和中国的研究相
比较。

Ball 和 Brown 通过对美国证券市场的研究，首先发现了 PEAD
现象，其表现形式是对称的（如图 5-15 所示）。澳大利亚学者对
1994—2000 年的数据进行研究后发现，PEAD 是不对称的，好消息
和坏消息的 PEAD 都呈现向上的漂移态势，只是好消息的 PEAD 的
幅度大于坏消息的 PEAD 的幅度（如图 5-16 所示）。而英国的学
者经研究发现，英国的股票市场对企业的盈利公告信息是无效或失
效的。

在中国，我们通过上述的研究分析，发现我国资本市场的
PEAD 存在以下几个特征：

（1）PEAD 的大小与未预期盈余的程度有密切的关系。无论是
好消息还是坏消息的投资组合，未预期盈余的数值越大（即未预
期盈余的绝对值越大），PEAD 越明显，反之亦然。

（2）市场整体上对好消息反应平淡，对坏消息反应剧烈。无
论是总体分析还是从不同角度进行分析，我们都可以发现，坏消息

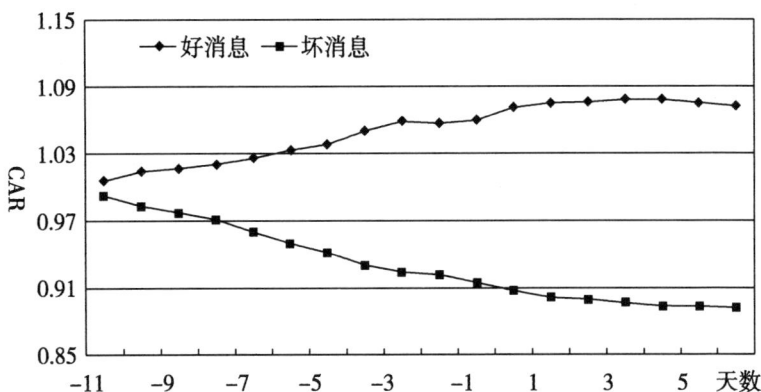

**图 5-15　Ball 描述的美国市场的 PEAD 现象**

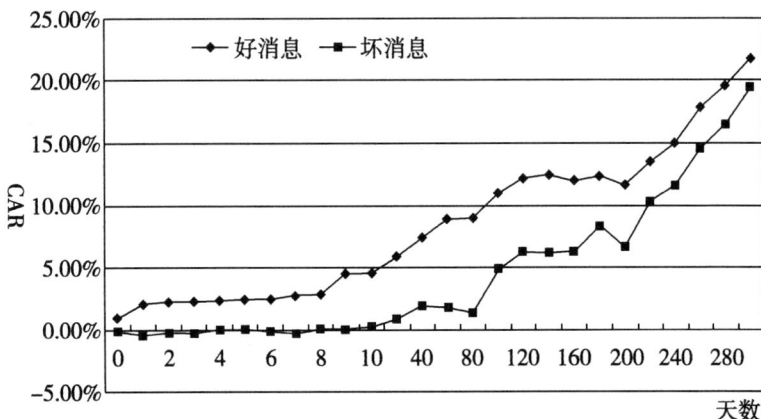

**图 5-16　澳大利亚市场的 PEAD 现象**

的 PEAD 的幅度要大于好消息的 PEAD 的幅度。从流通股规模、股价高低和市盈率的角度进行分析更能发现，无论何种情况下，具有好消息的投资组合的曲线都相对平滑，并且涨幅有限；而坏消息的投资组合的曲线非常不平滑，拐点很多，在考察区间里涨跌幅变化很大。

（3）无论是好消息的组合还是坏消息的组合，在盈余公告后都会出现不同程度的反转现象。好消息和坏消息的投资组合在盈余公告前会对盈利信息做出一定的反应，当盈余公告时，对于好消息的投资组合，通常会先上升后下降；与之相反，坏消息的投资组合通常会持续下跌，随后逐步上升。

## 5.4 小 结

本章我们主要对我国上市公司盈余公告后的漂移现象进行了描述分析。首先，我们从整体上分析了不同程度的未预期盈余对PEAD 的影响，并针对未预期盈余正的最大组和负的最小组进行了对比分析。为了进一步认识我国资本市场的漂移现象，我们又分别从流通股规模、市盈率和股价水平三个方面深入描绘和分析了我国PEAD 的特征，并与国外的相应研究进行了比较。通过上述分析，我们发现我国资本市场的 PEAD 具有以下几方面的特征：①未预期盈余的绝对值对 PEAD 的大小有着重要影响，其绝对数值越大，PEAD 越大；②市场对于好消息反应平淡，对于坏消息反应剧烈；③盈余公告后好消息和坏消息的投资组合都会出现反转现象，只是坏消息投资组合的反转现象更明显。

可以看出，我国的 PEAD 有其独特的一面，那么什么因素可以对这些现象做出解释呢？第 2 章的理论分析表明，信息不确定性和投资者行为是影响市场异象的重要因素，而第 4 章关于我国信息质量和投资者行为现状的分析中，深入探讨了我国信息质量和投资者行为的特征，分析表明，我国上市公司的信息质量良莠不齐，许多上市公司的信息质量存在很大的问题；同时，我国的机构投资者和散户投资者的投资行为各有不同，并且以基金公司为代表的机构投资者在市场中的作用越发明显。那么，我国资本市场中的 PEAD 现象是否也可以从这两方面得到解释呢？本书在后续两章（第 6 章、第 7 章）将分别从信息不确定性和投资者行为的角度对我国的 PEAD 进行实证检验，以期为这种现象的解释提供帮助。

# 6 信息不确定性和盈余公告后的漂移现象

从第 2 章的理论分析和第 4 章我国信息质量和投资者行为现状的介绍中可以看出，信息不确定性在解释市场异象中有着基础性的作用。因此本章主要从信息不确定性的角度出发，实证检验信息不确定性在 PEAD 产生中的作用。我们先考虑了信息不确定性与未预期盈余之间的关系，在此基础上进一步考虑信息不确定性对累计超常收益率的幅度和漂移长短的影响。

## 6.1 相关实证检验

从信息不对称理论看，信息不确定性可以被看做是一种信息不完全，即现在与未来之间的信息不完全。资本市场上的信息不确定是一个普遍现象，究其原因主要有以下几方面：①由于有关资本市场的法规及执法效力都不乏缺陷，因此散布于市场中的信息远非完全信息，真实信息、虚假信息以及噪音是相互交织在一起的；②信息的生产、传递和验证的任何一个环节都需要时间和资源的投入，而且越重要的信息，所需要的信息成本越大①（翟林瑜，2004）。所以制度的不健全性和信息成本的存在必然导致信息的不确定性。

---

① 比如企业的会计信息，从制作、审核、传递到验证的过程需要一定的手续和时间，又需要投入有形和无形的费用，而且这些时间和费用往往随着信息重要性的提高而增加。

在信息不确定的条件下，投资者形成的预期就会有偏差，并且信息不确定性程度越高，投资者预期的偏差就越大。而投资者的预期直接影响其投资行为，所以信息不确定性不仅会影响未预期盈余，而且会直接影响 PEAD。三者之间的关系可以通过图 6-1 来表示。

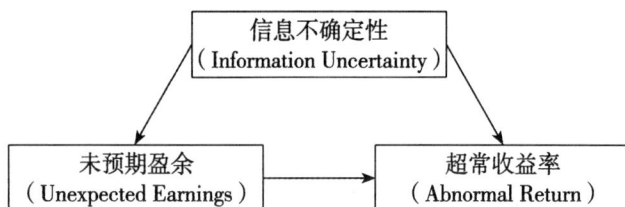

信息不确定性
（Information Uncertainty）

未预期盈余
（Unexpected Earnings）

超常收益率
（Abnormal Return）

**图 6-1   未预期盈余、信息不确定性、超常收益率关系图**

未预期盈余是投资者预期盈余与企业公告盈余的差额，其大小是由投资者对企业未来盈余预期的准确性决定的。这实际包含两个问题，一是过去的财务信息与企业未来的收益是否有关；二是投资者能在多大程度上准确预计企业未来收益。现有文献表明，投资者通过对历史公开数据的分析可以预测企业的未来收益。例如，Beaver 和 Dukes（1973），瓦茨、齐默尔曼（1999）发现，当期盈利往往比当期现金流量更能有效地预测未来现金流量。国内学者（陆璇、陈小悦，2001；黄志忠、陈龙，2000）也作了类似的研究。周建波（2004）证明基于过去财务信息而设计的盈利指标与未来盈利有显著的相关性。卢锐（2005）也得出了与周建波类似的结论。所以，未预期盈余的大小主要取决于投资者能在多大程度上准确预测企业的未来收益，而信息质量的高低在其中起着至关重要的作用。信息不确定性程度越高，投资者对企业的盈余预期准确性就越低，未预期盈余就越大。具体讲，企业的信息不确定性实际上是企业公告信息与其真实信息的一种偏离，这种偏离可分为正偏离和负偏离。无论是正偏离还是负偏离，偏离程度越高代表信息的不确定性越高，而这种偏离程度的高低直接影响投资者的预期。因此，随着信息质量从负偏离移向正偏离，企业未预期盈余波幅先降后升。基于以上分析，我们提出假说1。

假说1：在其他条件相同的情况下，信息不确定性与未预期盈余的绝对值呈 U 形关系。

## 6.1.1　信息不确定性与超常收益的关系

在上面的分析中，我们将信息不确定性和会计信号——未预期盈余极端情况联系起来，如果我们根据这个特征设计一个投资组合——由未预期盈余较大的股票组成，由此产生的超常收益是否与信息不确定性有关呢？

现有文献对 PEAD 现象产生的原因，主要是从投资者理性、非理性以及理性期望如何影响资产定价等几个方面进行探讨的。以研究投资者非理性行为为主的行为理论认为认知偏差——保守性偏差和代表性偏差①导致了反应不足和反应过度。然而，Chan，Frankel 和 Kothari（2002）发现代表性偏差不能解释异象，所以人们更多地从保守性偏差出发解释异象问题。心理学家表明人们在面对新信息时，并非总是系统地看重新信息，忽视基本信息，有些情况下，他们会看轻新信息，在信念转变上过于保守且过于看重基本信息的影响（Edward，1968；Slovic，1972）。Slovic 和 Lichtenstein（1971）认为，在对不确定性进行估计时，对偏离初始估计的调整是非常不够的。La Porta（1996）认为分析师或市场会过度根据过去的盈余来做预测，而且当新的盈余消息产生时，调整的速度很慢。Shefrin（2000）认为分析师对新信息的反应往往过于保守，调整不够快。当盈余公告后，分析师总是过于锚定初始值，而且信息的不确定性越大，人们的保守性偏差表现得越强烈，这不仅在一定

---

　　① 代表性偏差：主体过度关注当前信息，而忽视过去的基本信息；保守性偏差：主体过度关注过去的基本信息，而忽视了当前的信息。

程度上解释了盈余公告后漂移产生的原因，而且说明了信息不确定性大的股票漂移的幅度越大。

从理性学习（Rational Learning）的角度解释漂移现象，实际上与保守性偏差的角度有相似之处，都是比较看重过去的信息和以前的观点，只是理性学习理论强调运用贝叶斯法则进行判断。理性投资者处理不完全信息的研究表明，理性结构的不确定性（Rational Structural Uncertainty）或不完整可能导致风险溢价或资产定价异象，即面对定价参数的不确定性，投资者对股票理性的定价通常会偏离市场有效性①（Merton，1987；Timmerman，1993；Kurtz，1994；Morris，1996；Lewellen 和 Shanken，2002）。最近的分析模型（Easley 和 O'Hara，2001）和实证结果（Easley，Hvidkjaer 和 O'Hara，2002；Francis，LaFond，Olsson 和 Schipper，2002；Botosan 和 Plumlee，2002）也支持了这一观点。他们的研究表明，高信息风险的股票拥有较高的回报。Easley 和 O'Hara（2001）在他们对多个资产进行理性预期的设计中，信息的公共和私人部分可以影响预期收益。对于私人信息，由于经验丰富的投资者能充分利用新的信息，所以可以改变他们的投资组合而获利。而幼稚的投资者是根据私人信息做出投资决策的，这使得其持有的股票风险增大。这个"信息风险"是系统的，即不可分散，所以幼稚的投资者会要求更高的回报作为补偿。这也说明了信息不确定性高的股票通常有较高的回报。另外，Easley 和 O'Hara（2004），Leuz 和 Verrecchia（2004）的模型表明，在资本市场中，信息不确定性会引致风险溢价。大量的实证数据证实了这个结果。

由上述可知，对于信息不确定性高的股票，盈余公告后的漂移实际上受到三个因素的作用：第一个因素是未预期盈余，即如果是

---

① 反应不足可能由投资者的不理性引起。Bray 和 Heaton 的研究表明，将理性的信息不确定性与不理性行为区分开是不可能的。我们也没有做区分二者的努力。

好消息，获得正的超常收益；如果是坏消息，获得负的超常收益。第二个因素是投资者心理，即对信息不确定性大的企业，投资者保守性偏差越大，漂移越明显。第三个因素是与信息不确定性相联系的高风险和高的预期回报。这意味着无论盈余公告带来的是好消息还是坏消息，信息质量差的企业都应比信息质量好的企业有更多的超常收益。所以，盈余公告后，信息不确定性大的股票是否能比信息不确定性小的股票拥有更多的超常收益，取决于这几个因素的相互作用及谁起决定作用，这实际上是个实证问题。

我国资本市场经过十几年的发展，已经取得了长足进步，但依然存在很多问题。从总体上讲，我国上市公司的信息质量一般，许多企业存在盈余操纵的行为，所以信息不确定性的程度较高。同时，我国资本市场正逐渐由一个以散户为主的市场转变为以机构投资者为主的市场。陈工孟、苒萌、高宁（2003）的研究表明，我国投资者不愿承认错误，并且倾向于"过度自信"，所以他们对信息质量差的企业更可能产生大的保守性偏差。我们认为，在我国，对于信息不确定性大的企业，盈余公告后的漂移主要是受到了与信息不确定性相关联的高风险和高回报以及投资者心理的影响，所以，它会获得比信息质量好的企业更多的超常收益。为此，我们提出了假说2：

**假说2：在其他条件相同的情况下，对于信息不确定性大的企业，盈余公告后累计超常收益率大于信息不确定性小的企业。**

## 6.1.2　研究设计

### 1）数据来源与样本选取

本书的数据全部来自于香港理工大学与深圳国泰安信息技术有限公司联合开发的 CSMAR 数据系统。本研究选定 1999—2003 年间上市公司的数据作为研究对象，剔除了数据不完备的公司以及 ST 和 PT 公司。

（1）关于企业信息不确定性的衡量

在资本市场上，投资者所能获得的企业信息最重要的是会计信息，因此对投资者来说，企业信息的不确定性主要是指会计信息的不确定性，而会计信息的不确定性主要受会计信息质量的影响。会计信息质量越差，会计信息的不确定性越大。所以本研究用会计信息的质量代表企业信息的不确定性。对会计信息质量的衡量，我们沿用 Jennifer Francis，Ryan LaFond，Per Olsson（2003）的方法，把分别用 Jones 模型和修正后的 Jones 模型计算的可操控的应计项目的大小作为会计信息不确定性的代理变量。一般认为，可操控应计项目绝对数额①越大，会计信息质量越差，信息不确定性越高。

（2）未预期会计盈余的计量

在证券市场中，对会计盈余预期值进行衡量的方法常用的有判断法和统计法。所谓判断法，是以财务分析师对外发布的盈余预测值为市场预测值，有时也用公司管理当局公布的盈余预测值代替。统计法则是应用时间序列或其他统计模型来预测公司未来盈余。由于我国财务分析师的预测是不公开的，该研究难以使用第一种途径确定会计盈余，所以我们沿用刘星、曾宏、王晓龙（2001），赵宇龙、王志台（1999），赵宇龙（1998）等的研究方法，使用幼稚模型（Naive Model）进行盈余预测。

已知 $E_{ja} = E_{j,a-1} + \Delta E_{ja}$  $a = 1999$，2000，2001，2002，2003

如果 $\Delta E_{ja} \sim (0, \sigma^2)$，则 $EE_{j,a} = E_{j,a-1}$

其中：$E_{ja} = j$ 公司 a 年度实际会计盈余；$EE_{j,a} = j$ 公司 a 年度预期会计盈余，所以，未预期盈余为：

$$UE = E_{ja} - EE_{j,a} \quad a = 1999，2000，2001，2002，2003 \tag{6-1}$$

这里我们用资产收益率代表会计盈余，我们认为，在经济环境

---

① 可操控应计项目分为正的可操控应计项目和负的可操控应计项目，不管是正的可操控应计项目还是负的可操控应计项目，操控的空间越大，不确定性越高

未出现较大改变的情况下，如果企业的信息质量较高，则每年资产收益率的变化不应太大。

2）模型设定与变量说明

根据假说1，我们提出模型6-2：

$$ABSUE_{it} = \alpha_0 + \alpha_1 Da_{it}^2 + \alpha_2 Roa_{it} + \alpha_3 Psear_{it} + \alpha_4 Btom_{it} + \alpha_5 Ral + \alpha_{i+6} \sum_{i=1}^{13} ind_{it} + \varepsilon_{it} \qquad (6-2)$$

其中：

ABSUE：未预期盈余的波动程度，我们用未预期盈余的绝对值表示。未预期盈余我们用前后两年的资产收益率相减得到。

$Da^2$：会计信息不确定程度的平方，Da 通过使用 Jones 模型和修正后的 Jones 模型计算得到[1]，由于 Da 的取值在 0 附近表示信息不确定性小，会计信息质量高，大于（或小于）0 意味着信息不确定性大，会计信息质量低。同时，由上面分析可知，信息不确定性与未预期盈余的波动程度呈 U 形关系，所以我们预测 $Da^2$ 的系数为正。

Roa：净资产收益率。我们认为盈利能力高的企业，盈余操纵的动机较小，会计信息的不确定性低，未预期盈余的波动小。

Psear：主营业务利润占利润总额的比重。我们用这个指标表示永久性盈余的替代变量[2]。Freeman 和 Tse（1992）的研究表明，未预期盈余的绝对值与永久性盈余成反比。这是因为未预期盈余更可能由短暂性盈余形成而非由长久性盈余形成。

Btom：当年的资产账面价值与市价比。这个值越小，说明企业的成长性越好。成长性好的企业盈余管理的动机较少，会计信息的不确定性低，未预期盈余的波动小。

---

① 我们用 $Da^2$ 表示以修正后的 Jones 模型计算出的会计信息质量的代理变量。
② 赵宇龙、王志台（1999），刘星、曾宏、王晓龙（2001）都使用这个指标作为永久性盈余的替代变量。

Ral：资产负债比。孙铮、刘凤委、汪辉（2005）的研究表明，对于债务水平较高的企业，由于债权人的约束，会计信息趋于稳健。而会计信息稳健往往意味着企业有意调低盈余，这也可能造成未预期盈余增大。为此，我们预计该系数为负。

根据假说2，我们建立模型6-3：

$$CAR_{it} = \alpha_0 + \alpha_1 quality_{it} + \alpha_2 ue * quality + \alpha_3 size_{it} + \alpha_4 roa_{it} + \alpha_5 psear_{it} +$$

$$\alpha_6 beta_{it} + \alpha_7 btom_{it} + \alpha_8 ral_{it} + \alpha_9 ue_{it} + \alpha_{10} insti + \alpha_{11-14} \sum_{t=1}^{4} year_t +$$

$$\alpha_{14+m} \sum_{m=1}^{12} ind_{im} + \varepsilon_{it} \tag{6-3}$$

其中：

Car：累计超常收益率，本研究主要使用各企业年报公布后30天内每日累计超常收益率的平均值计算该指标，并且与以前的研究保持一致，剔除了小于1%和大于99%的极端值。这个值主要代表年报公告后盈余漂移的程度。

Quality：哑变量，1代表会计信息的不确定性较高、信息质量较差的企业；0代表会计信息的不确定性相对较低、信息质量较好的企业。我们以可操控应计项目（Da）绝对值的中位数为界来确定会计信息质量的高低。如果Da的绝对值大于中位数，取值为1；否则为0。我们认为，信息质量差的企业，盈余公告后的漂移更明显，故预计符号为正。

Ue：未预期盈余。大量的研究已经证明累计超常收益率和未预期盈余相关（Ball和Brown，1968；Foster，G.，1977；Beaver，Clarke和Wright，1979），预计符号为正。

Ue * Quality：未预期盈余与会计信息质量的交乘项。我们认为，不仅会计信息质量会直接影响盈余公告后累计超常收益率，而且会计信息质量和未预期盈余的共同作用也会对盈余公告后的漂移现象产生影响，故预计符号为正。

Size：这个变量的选取是因为过去的文献研究表明，公开披露与非盈利信息私下传播是公司规模的增函数（Atiase，1985；Freeman，1987），所以，我们希望加入 Size 变量，以控制规模等相关因素的影响，预计符号为负。

Roa：净资产收益率。我们认为盈利能力高的企业，盈余操纵的动机较小，会计信息的不确定性低，未预期盈余的波动小，预计符号为负。

Psear：永久性盈余，主营业务利润占利润总额的比重。Ijiri et al.（1966）和 Jensen（1966）把"功能锁定"首先引入证券市场和财务分析中，但前者只是从一般性的理论上论述了企业管理决策中的功能锁定问题，后者采用实验研究（Experimental Study）的方法发现了功能锁定的一些证据。Ashton（1976），Cheng 和 Birnberg（1977），McGee（1984）也发现了相关的证据支持市场存在"功能锁定"现象。然而，国内的结论与其并不一致。赵宇龙、王志台（1999）发现我国资本市场上，投资者只对名义上的 EPS 做出反应，不能区别 EPS 中永久盈余的经济含义，存在"功能锁定"现象。而胡志勇、魏明海（2005）发现，基金公司等机构投资者有较强的信息解读能力，能够看穿企业的盈余管理行为。所以，永久性盈余与累计超常收益率的关系实际上是个实证的问题。

Beta：代表企业的系统风险，利用市场模型计算得到。我们认为，系统风险高的企业超常收益较高。

Btom：这里资产账面价值与市价比的选取，是为了控制企业增长能力的影响。企业的增长能力与未来的盈余水平或永久性盈余成正比（Collins 和 Kothari，1989）。企业 Btom 的比例越小，企业的增长能力越强。但是高增长的企业通常意味着风险很大，所以盈余公告后的超常收益也大。

Ral：这里选取资产负债比例作为控制变量，是为了控制企业的债务风险或失败风险（Dhaliwal，Lee 和 Fargher，1991）。高负债的企业风险也高，盈余公告后的超常收益也大。

Insti：哑变量，1 代表机构投资者在前一年第四季度或本年第一季度重仓持有，0 代表机构投资者在此期间非重仓持有或不持有。关于机构投资者在解释 PEAD 现象中的作用，现在的实证结果并未统一。Bhushan（1994）认为 PEAD 由幼稚的投资者引起，Bartov 等（2000）也证明 PEAD 与机构投资者的持股比例呈负相关。这个证据说明，机构投资者投资比例高的股票，价格越有效。然而，一些学者认为机构投资者没有人们想象的那样聪明。例如，Cai 等（2002）和 Griffin 等（2003）证明许多投资者是冲量回报的追逐者，但是这种战略并不能产生明显的超常收益。所以 Insti 与 CAR 之间的关系仍然是个实证问题。

## 6.1.3 实证结果

在对模型 6-2、模型 6-3 进行回归分析前，我们对各主要变量进行描述性统计和 Pearson 相关检验，检验结果见表 6-1 和表 6-2。

表 6-1 全样本研究变量的描述性统计

| 变量 | 观测值 | 均值 | 标准差 | 最小值 | 最大值 |
| --- | --- | --- | --- | --- | --- |
| Ue | 4 101 | −0.0086 | 0.095 | −2.98 | 3.15 |
| Sue | 4 101 | −0.16 | 0.94 | −4.5 | 4.48 |
| Car | 4 101 | 0.003 | 0.072 | −0.96 | 0.44 |
| Da | 4 101 | −0.0018 | 0.109 | −1.08 | 1.34 |
| Mda | 4 101 | −0.0014 | 0.11 | −1.07 | 1.63 |
| Size | 4 101 | 21.03 | 0.86 | 17.71 | 26.63 |
| Roa | 4 101 | 0.024 | 0.081 | −3.1 | 0.27 |
| Psear | 4 101 | 15.7 | 20.77 | −14.13 | 145.6 |
| Beta | 4 101 | 1.01 | 0.3 | −0.26 | 1.99 |
| Btom | 4 101 | 0.27 | 0.14 | 0.00018 | 0.95 |
| Ral | 4 101 | 0.45 | 0.18 | 0.009 | 1.004 |

表6-2　　　　　　　主要变量的 Pearson 相关检验

| 变量 | Car | Ar | Size | Roa | Psear | Beta | Btom | Ral | Absue | Quality |
|---|---|---|---|---|---|---|---|---|---|---|
| Car | 1 | | | | | | | | | |
| Ar | 0.84 | 1 | | | | | | | | |
| | (0.00) *** | | | | | | | | | |
| Size | -0.065 | -0.084 | 1 | | | | | | | |
| | (0.00) *** | (0.00) *** | | | | | | | | |
| Roa | -0.13 | -0.149 | 0.134 | 1 | | | | | | |
| | (0.00) *** | (0.00) *** | (0.00) *** | | | | | | | |
| Psear | -0.009 | -0.01 | -0.01 | -0.006 | 1 | | | | | |
| | -0.6 | 0.44 | (0.55) | 0.69 | | | | | | |
| Beta | 0.09 | 0.113 | -0.1 | -0.2 | -0.0007 | 1 | | | | |
| | (0.00) *** | (0.00) *** | (0.00) *** | (0.00) *** | -0.998 | | | | | |
| Btom | 0.0008 | -0.02 | 0.53 | 0.123 | -0.0036 | 0.03 | 1 | | | |
| | 0.9606 | 0.11 | (0.00) *** | (0.00) *** | 0.82 | (0.04) ** | | | | |
| Ral | 0.0495 | 0.056 | 0.15 | -0.387 | 0.012 | 0.07 | -0.196 | 1 | | |
| | (0.00) *** | (0.00) *** | (0.00) *** | (0.00) *** | 0.426 | (0.007) *** | (0.00) *** | | | |
| Absue | 0.077 | 0.095 | -0.16 | -0.77 | -0.008 | 0.06 | -0.224 | 0.17 | 1 | |
| | (0.00) *** | | (0.00) *** | (0.00) *** | 0.58 | (0.00) *** | (0.00) *** | (0.00) *** | | |
| Quality | 0.024 | 0.0123 | -0.07 | -0.117 | -0.015 | -0.0089 | -0.101 | 0.113 | 0.13 | 1 |
| | 0.133 | 0.44 | (0.00) *** | (0.00) *** | 0.338 | 0.58 | (0.00) *** | (0.00) *** | (0.00) *** | |

括号内的值为 p 值。** 、*** 分别表示在 5%、1% 的显著性水平上显著

## 1）模型 6-2 结果

首先，我们将会计信息质量排序后作为 X 轴，Y 轴表示未预期盈余的大小（如图 6-2 所示）。可以看出，会计信息质量排序的两端——1、2 和 9、10 的未预期盈余的绝对值要大于会计信息质量排序中部的未预期盈余绝对值。而会计信息质量排序的两端代表信息不确定性高的股票，会计信息质量排序中部代表信息不确定性相对低的股票，因此图 6-2 未预期盈余的绝对值与会计信息不确定性之间的关系直观说明了未预期盈余与会计信息不确定性呈 U 形关系。

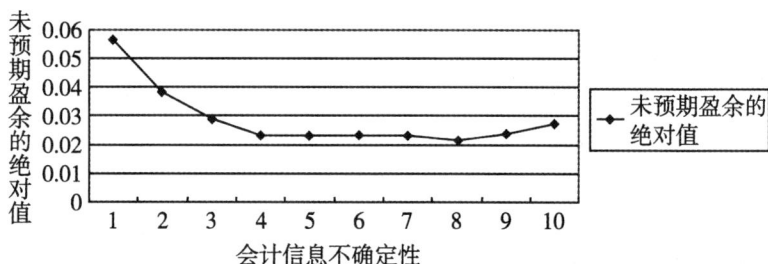

图 6-2　未预期盈余的绝对值与会计信息不确定性之间的关系

其次，我们将 UE 从小到大排列，并进行十等份，其中，UE 两端的分位数（1、2 和 9、10）表示未预期盈余变化较大，中间分位数（3、4、5、6、7、8）表示未预期盈余变化不大。然后观察会计信息质量在其中的分布。为了检验处于 UE 分位数两端（1、2 和 9、10）的企业会计信息质量与中间分位数的企业是否存在显著差异，以及 UE 各分位数内部会计信息质量是否存在差异，我们又对上述各种情况下的会计信息质量进行了 T 检验。统计结果见表 6-3、表 6-4。

表6-3　UE 两端分位数的会计信息质量与中间分位数的
会计信息质量的 T 统计检验

| 年份 | 琼斯模型计算的DA | | | | | 修正的琼斯模型计算的DA | | | | |
|---|---|---|---|---|---|---|---|---|---|---|
| | 中间分位 UE | | 两端分位 UE | | T (Z) 统计量 | 中间分位 UE | | 两端分位 UE | | T (Z) 统计量 |
| | 均值 | 中位数 | 均值 | 中位数 | | 均值 | 中位数 | 均值 | 中位数 | |
| 1999—2003 | 0.056 | 0.040 | 0.075 | 0.051 | -7.6 *** (-7.42) *** | 0.057 | 0.041 | 0.077 | 0.052 | -7.59 *** (-7.61) *** |
| 2003 | 0.054 | 0.037 | 0.08 | 0.043 | -3.29 *** (-3.33) *** | 0.055 | 0.037 | 0.08 | 0.046 | -3.28 *** (-3.34) *** |
| 2002 | 0.053 | 0.038 | 0.07 | 0.043 | -2.76 *** (-3.08) *** | 0.05 | 0.039 | 0.07 | 0.045 | -2.91 *** (-3.26) *** |
| 2001 | 0.053 | 0.038 | 0.076 | 0.051 | -3.9 *** (-4.27) *** | 0.055 | 0.038 | 0.079 | 0.054 | -4.03 *** (-4.70) *** |
| 2000 | 0.06 | 0.044 | 0.078 | 0.048 | -1.95 ** (-2.52) *** | 0.0628 | 0.045 | 0.082 | 0.05 | -2.02 *** (-2.45) *** |
| 1999 | 0.06 | 0.046 | 0.072 | 0.057 | -1.57 (-3.35) *** | 0.06 | 0.049 | 0.07 | 0.063 | -1.23 (-3.16) *** |

括号内的值为 Z 值。其中 T 统计量由均值比较的 T 检验计算而来，Z 统计量由 Wilcoxon 检验计算而来。*** 表示在 1% 的显著性水平上显著

　　从表6-3 中我们可以看出，处于 UE 两端的企业的会计信息质量明显要差于处于 UE 中间分位数的企业的会计信息质量，这个结果在分年度和所有年份混合的数据中是一致的。这说明会计信息质量差的企业，未预期盈余相对较高。

表6-4　　　　　　UE 各分位数内会计信息质量比较

| 1999—2003年混合数据 | 1&2分位 | | T (Z)统计量 | 9&10分位 | | T (Z)统计量 | 3, 4, 5, 6, 7, 8分位 | | T (Z)统计量 |
|---|---|---|---|---|---|---|---|---|---|
| | Good | Poor | | Good | Poor | | Good | Poor | |
| 琼斯模型计算的DA | 0.021 | 0.125 | -19.33 *** | 0.021 | 0.115 | -10.26 *** | 0.0212 | 0.098 | -41.96 *** |
| | (0.02) | (0.096) | (-25.78) *** | (0.021) | (0.086) | (-26.01) *** | (0.02) | (0.078) | (-44.80) *** |
| 修正的琼斯模型计算的DA | 0.021 | 0.129 | -18.545 *** | 0.022 | 0.113 | -10.46 *** | 0.022 | 0.101 | -39.17 *** |
| | (0.021) | (0.099) | (-25.72) *** | (0.02) | (0.088) | (-26.03) *** | (0.02) | (0.79) | (-44.66) *** |

括号内的值为 Z 值。其中 T 统计量由均值比较的 T 检验计算而来，Z 统计量由 Wilcoxon 检验计算而来。*** 表示在 1% 的显著性水平上显著

　　从表6-4 中我们可以看出处于 UE 两端的企业中，会计信息质量差的企业与会计信息质量好的企业在信息质量上的差距是明显的。而处于 UE 中间分位数的企业也存在此差别。这说明会计信息质量差的企业更多地集中于 UE 的两端。该结果进一步支持了本研究的假说1。

　　在上述描述性统计分析结果的基础上，我们对模型 6-2 进行了回归。结果见表6-5。其中模型 6-2.1 主要的考察变量（会计信息质量）是用 Jones 模型计算得到的，6-2.2 主要的考察变量（会计信息质量）是用修正后的 Jones 模型计算得到的，两个回归结果并没有太大的差异。我们发现未预期盈余与企业会计信息质量的平方项成正比，这进一步验证了我们的假说1。另外，盈利能力、增长机会、负债水平、永久性盈余等指标均在 1% 水平上显著，系数符号与我们预计的基本一致。为了进一步控制年度因素的影响，我们利用 Panel Data 对上述模型重新进行了估计（见表6-5）。这里 Model 6-2.3 和 Model 6-2.4 的差别只是会计信息质量的衡量变量 Da 和 Da$^2$ 不同。可以看出，除了永久性盈余不再显著外，面板数

据回归结果与截面数据回归结果基本一致：未预期盈余与企业会计信息质量的平方项成正比，这仍然支持本研究的假说1。

表6-5 模型6-2：未预期盈余与会计信息质量的回归结果

$$ABSUE_{it} = \alpha_0 + \alpha_1 da_{it}^2 + \alpha_2 roa_{it} + \alpha_3 psear_{it} + \alpha_4 btom_{it} + \alpha_5 ral_{it} + \alpha_{i+6} \sum_{i=1}^{13} ind_{it} + \varepsilon_{it}$$

| 变量 | 系数 | 符号预测 | Panel Data | | | | Pool Data | | | |
| --- | --- | --- | --- | --- | --- | --- | --- | --- | --- | --- |
| | | | Model 6-2.3 系数 | T值 | Model 6-2.4 系数 | T值 | Model 6-2.1 系数 | T值 | Model 6-2.2 系数 | T值 |
| 截距 | | | 0.108 | (18.54) *** | −0.0066 | (−0.38) | 0.09 | (14.82) *** | −0.003 | (−0.21) |
| Roa | − | | −0.68 | (−86.17) *** | −0.67 | (−86) *** | −0.61 | (−25.91) *** | −0.611 | (−25) *** |
| Psear | − | | −0.000000099 | (−0.33) | −0.000000099 | (−0.33) | −4.13E−07 | (−3.77) *** | −4.13E−07 | (3.77) *** |
| Btom | − | | −0.048 | (−11.39) *** | −0.049 | (−11.43) *** | −0.04 | (−15.95) *** | −0.049 | (15.96) *** |
| Ral | − | | −0.048 | (−14.04) *** | 0.047 | (−13.93) *** | −0.045 | (−13.41) *** | −0.0447 | (−13.35) *** |
| Da$^2$ | + | | 0.04 | (5.35) *** | | | 0.045 | (4.39) *** | | |
| Da$^2$(Adj) | + | | | | 0.03 | (4.83) *** | | | 0.033 | (3.65) *** |
| Ind1−Ind12 | | | 略去 | | 略去 | | 略去 | | 略去 | |
| Year00−Year03 | | | 略去 | | 略去 | | | | | |
| 观测值 | | | 3 819 | | 3 819 | | 3 819 | | 3 819 | |
| F值(Wald chi2) | | | 8 347.35 *** | | 8 330.43 *** | | 50.71 *** | | 50.49 *** | |
| R$^2$(%) | | | | | | | | | | |
| Between | | | 0.67 | | 0.67 | | | | | |
| Within | | | 0.71 | | 0.71 | | | | | |
| Overall | | | 0.65 | | 0.65 | | 64.46% | | 64.42% | |

**、*** 分别表示在5%、1%的显著性水平上显著。行业及年份影响未列明。对 Panel Data 采用随机效应模型。括号内的数字为 White（1980）异方差调整后的 T 值

## 2）模型 6-3 结果

我们首先对比盈余公告后不同会计信息质量的企业平均累计超常收益率的均值和中位数的差异，具体结果见表 6-6。我们发现，从总体上讲，会计信息质量差的企业在盈余公告后平均累计超常收益率较高，初步验证假说 2。为了进一步证明，我们对模型 6-3 进行了回归，回归结果见表 6-7。

表6-6　　　　**盈余公告后全体样本不同会计信息**
**质量企业的超常收益比较**

| 1999—2003 年混合数据 | 均值 | | T统计量 | 中位数 | | Z统计量 |
|---|---|---|---|---|---|---|
| | Good | Poor | | Good | Poor | |
| 琼斯模型计算的 DA | 0.0086 | 0.0139 | -2.88 *** | 0.003 | 0.009 | -2.53 *** |
| 修正的琼斯模型计算的 DA | 0.0087 | 0.0138 | -2.83 *** | 0.0027 | 0.0088 | -2.49 *** |

对均值进行了 T 检验，对中位数进行了 Wilcoxon 秩和检验。*** 表示在 1% 的显著性水平上显著

表6-7　　　　**模型 6-3：盈余公告后的累计超常收益率**
**与会计信息质量回归结果**

$$CAR_{it} = \alpha_0 + \alpha_1 quality_{it} + \alpha_2 ue * quality + \alpha_3 size_{it} + \alpha_4 roa_{it} + \alpha_5 psear_{it} +$$

$$\alpha_6 beta_{it} + \alpha_7 btom_{it} + \alpha_8 ral_{it} + \alpha_9 ue_{it} + \alpha_{10} insti + \alpha_{11-14} \sum_{t=1}^{4} year_t +$$

$$\alpha_{14+m} \sum_{m=1}^{12} ind_{im} + \varepsilon_{it}$$

| 变量 | 符号/预测 | Panel Data | | | | Pool Data | | | |
|---|---|---|---|---|---|---|---|---|---|
| | | Model 6-3.3 | Z 值 | Model 6-3.4 | Z 值 | Model 6-3.1 | T 值 | Model 6-3.2 | T 值 |
| 截距 | | 0.077 | (2.9) *** | 0.077 | (2.88) *** | 0.077 | (2.77) *** | 0.077 | (2.75) *** |
| Quality | + | 0.0064 | (3.29) *** | 0.0063 | (3.19) *** | 0.0064 | (3.17) *** | 0.0063 | (3.07) *** |
| Ue | + | 0.0019 | (0.05) | 0.02 | (0.05) | 0.002 | (0.05) | 0.021 | (0.05) |

续表

| 变量 | 符号预测 | Panel Data | | | | Pool Data | | | |
|---|---|---|---|---|---|---|---|---|---|
| | | Model 6-3.3 | Z值 | Model 6-3.4 | Z值 | Model 6-3.1 | T值 | Model 6-3.2 | T值 |
| Ue_ Quality | + | 0.1 | (2.98)*** | 0.098 | (2.94)*** | 0.1 | (2.36)** | 0.098 | (2.31)** |
| Size | - | -0.0034 | (-2.53)*** | -0.0035 | (-2.56)*** | -0.0034 | (-2.43)*** | -0.0035 | (-2.46)*** |
| Roa | - | -0.1 | (-3.78)*** | -0.1 | (-3.75)*** | -0.1 | (-3.59)*** | -0.1 | (-3.55)*** |
| Psear | ? | -5.3e-7 | (-0.84) | -5.2e-7 | (-0.84) | -5.3e-7 | (-7.92)*** | -5.2e-7 | (-7.76)*** |
| Beta | + | 0.0089 | (3.08)*** | 0.0089 | (3.08)*** | 0.0089 | (3.03)*** | 0.0089 | (3.02)*** |
| Btom | + | 0.0034 | (0.38) | 0.0037 | (0.42) | 0.003 | (0.37) | 0.0036 | (0.41) |
| Ral | + | 0.006 | (1.02) | 0.006 | (0.95) | 0.006 | (0.99) | 0.006 | (0.92) |
| Insti | ? | -0.0002 | (-0.07) | -0.0007 | (-0.22) | -0.0002 | (-0.05) | -0.0007 | (-0.2) |
| Ind1-Ind12 | | 略去 | | 略去 | | 略去 | | 略去 | |
| Year00-Year03 | | 略去 | | 略去 | | 略去 | | 略去 | |
| 观测值 | | 3 739 | | 3 706 | | 3 739 | | 3 706 | |
| F值（Wald chi2） | | 124.04*** | | 122.7*** | | 6.26*** | | 6.16*** | |
| $R^2$（%） | | | | | | | | | |
| Between | | 2.5 | | 5.67 | | | | | |
| Within | | 5.63 | | 2.55 | | | | | |
| Overall | | 3.24 | | 3.23 | | 3.24 | | 3.23 | |

**、***分别表示在 5%、1%的显著性水平上显著。行业及年份影响未列明。对 Panel Data 采用随机效应模型。Model 6-3.1 中的质量以琼斯模型计算的 DA 为衡量变量，Model 6-3.2 中的质量以修正的琼斯模型计算的 DA 为衡量变量；括号内的数字为 White（1980）异方差调整后的 T 值

模型6-3.1、模型6-3.2是截面数据回归结果,二者的差别只是会计信息质量的衡量变量 Da 和 Da$^2$ 不同。我们发现,盈余公告后企业的累计超常收益率与会计信息的不确定性成正比,这进一步验证了我们的假说2。另外,企业的规模、盈利能力、系统风险等指标均在统计上显著,系数符号与我们预计的基本一致。盈余持久性的符号为负,意味着永久性盈余占比越低,盈余公告后市场的反应越大。但在控制了年份影响后,利用 Panel Data 所得的结果就不显著,说明在我国,市场对永久性盈余的辨识受到不同年份的影响。整体上市场区分永久性盈余和短暂性盈余的能力较弱,这验证了赵宇龙、王志台(1999)的结论。我们利用 Panel Data 对上述模型重新进行了估计,见模型6-3.3、模型6-3.4①。面板数据回归的结果与截面数据回归的结论基本一致:盈余公告后超常收益的绝对值与企业的会计信息不确定性成正比,这仍然支持本研究的假说2。

3) 稳健性检验

(1) 使用标准化未预期盈余

我们又计算了标准化未预期盈余 SUE:

$$SUE_{i,t} = \frac{UE_{i,t}}{\sigma_{UE}} \tag{6-4}$$

其中:$\sigma_{UE}$ 表示股票 i 在年度 t 及其前4个年度内未预期盈余 UE 的标准差。$UE_{i,t} = EPS_{i,t} - EPS_{i,t-1}$。根据标准化未预期盈余,我们重新对模型6-2、6-3进行了回归,回归结果见表6-8和表6-9。回归结果仍然支持假说1和假说2。

---

① 模型6-3.3和模型6-3.4的差别只是会计信息质量的衡量变量 Da 和 Da$^2$ 不同。

表6-8　　标准化未预期盈余与会计信息质量回归结果表

$$ABSUE_{it} = \alpha_0 + \alpha_1 da_{it}^2 + \alpha_2 roa_{it} + \alpha_3 psear_{it} + \alpha_4 btom_{it} + \alpha_5 ral_{it} + \alpha_{i+6} \sum_{i=1}^{13} ind_{it} + \varepsilon_{it}$$

| 变量 | 符号预测 | Panel Data | | | | Pool Data | | | |
|---|---|---|---|---|---|---|---|---|---|
| | | 系数 | T值 | 系数 | T值 | 系数 | T值 | 系数 | T值 |
| 截距 | | -0.51 | -1.29 | -0.51 | -1.29 | -0.3 | -0.88 | -0.3 | -0.88 |
| Roa | - | -2.85 | -16.4 *** | -2.85 | -16.4 *** | -2.87 | -13.35 *** | -2.87 | -13.34 *** |
| Size | + | 0.07 | 3.74 *** | 0.072 | 3.74 *** | 0.06 | 3.83 *** | 0.06 | 3.83 *** |
| Psear | - | -0.004 | -7.74 *** | -0.0038 | -7.49 *** | -0.004 | -7.74 *** | -0.004 | -7.76 *** |
| Btom | - | -0.26 | -2.13 *** | -0.26 | -2.14 *** | -0.18 | -1.96 ** | -0.18 | -1.95 *** |
| Ral | - | -0.13 | -1.5 | -0.13 | -1.53 | 0.12 | 1.7 * | 0.12 | 1.75 *** |
| Squad | + | 0.33 | 1.7 * | | | 0.42 | 2.43 ** | | |
| Squad2 | + | | | 0.26 | 1.68 * | | | 0.31 | 2.07 ** |
| Ind1-Ind12 | | 略去 | | 略去 | | 略去 | | 略去 | |
| Year00-Year03 | | 略去 | | 略去 | | | | | |
| 观测值 | | 4 101 | | 4 101 | | 4 101 | | 4 101 | |
| F值（Wald chi2) | | 477 *** | | 476 *** | | 18.4 *** | | 18.32 *** | |
| $R^2$（%） | | | | | | | | | |
| Between | | 8.75 | | 8.72 | | | | | |
| Within | | 10.49 | | 10.49 | | | | | |
| Overall | | 10.48 | | 10.82 | | 10.75% | | 10.73% | |

*、**、***分别表示在10%、5%、1%的显著性水平上显著。行业及年份影响未列明。对 Panel Data 采用随机效应模型。T 统计量为 White（1980）异方差调整后的 T 值

表6-9　　　　盈余公告后累计超常收益率与会计信息
质量回归结果（标准化未预期盈余）

$$CAR_{it} = \alpha_0 + \alpha_1 quality_{it} + \alpha_2 ue * quality + \alpha_3 size_{it} + \alpha_4 roa_{it} + \alpha_5 psear_{it} +$$

$$\alpha_6 beta_{it} + \alpha_7 btom_{it} + \alpha_8 ral_{it} + \alpha_9 ue_{it} + \alpha_{10} insti + \alpha_{11-14} \sum_{t=1}^{4} year_t +$$

$$\alpha_{14+m} \sum_{m=1}^{12} ind_{im} + \varepsilon_{it}$$

| 变量 | 符号预测 | Panel Data | | Pool Data | |
|---|---|---|---|---|---|
| | | Model | Z 值 | Model | T 值 |
| 截距 | | 0.12 | (3.32) *** | 0.12 | (2.89) *** |
| Quality | + | 0.0005 | (0.18) *** | 0.0005 | (0.17) *** |
| Sue | + | 0.0046 | (3.0) *** | 0.0046 | (3.04) *** |
| Sue_ Quality | + | 0.0003 | (0.11) ** | 0.0003 | (0.11) ** |
| Size | − | −0.007 | (−3.9) *** | −0.007 | (−3.26) *** |
| Roa | − | −0.04 | (−1.79) * | −0.04 | (−1.37) |
| Psear | ? | 0.00004 | (0.69) | 0.00004 | (0.7) |
| Beta | + | 0.019 | (4.87) *** | 0.019 | (3.59) *** |
| Btom | + | 0.049 | (3.99) *** | 0.049 | (3.29) *** |
| Ral | + | 0.008 | (1.0) | 0.008 | (0.97) |
| Insti | ? | −0.005 | (−1.22) | −0.005 | (−1.11) |
| Ind1－Ind12 | | 略去 | | 略去 | |
| Year00－Year03 | | 略去 | | 略去 | |
| 观测值 | | 4 101 | | 4 101 | |
| F 值（Wald chi2） | | 126 *** | | 3.5 *** | |
| $R^2$（%） | | | | | |
| Between | | 3.83 | | | |
| Within | | 2.89 | | | |
| Overall | | 3.01 | | 3.01 | |

\*、\*\*、\*\*\* 分别表示在 10%、5%、1% 的显著性水平上显著。行业及年份影响未列明。对 Panel Data 采用随机效应模型。Model 中的质量以琼斯模型和修正的琼斯模型计算的 DA 为衡量变量

（2）根据 CAPM 基本模型和 Fama-French 三因素模型进行回归

为了控制规模、账面市价比的影响，我们又根据 CAPM 基本模型和 Fama-French 三因素模型对样本进行回归。首先，每年我们将标准化的未预期盈余排序并分成五等份形成五个组合，将未预期盈余负的最大组定义为持空头组，而将未预期盈余正的最大组定义为持多头组，根据 CAPM 基本模型和 Fama-French 三因素模型计算空头组合和多头组合的超常收益。

$$R_{id} - R_{fd} = a_i + b_i (R_{Md} - R_{Fd}) + \varepsilon_{id} \tag{6-5}$$

$$R_{id} - R_{fd} = a_i + b_i (R_{Md} - R_{Fd}) + s_i SMB_d + h_i HML_d + \varepsilon_{id} \tag{6-6}$$

其中：

$R_{id}$：i 公司盈余公告后 D 天的市场回报率；

$R_{fd}$：D 天的市场无风险收益率，本研究主要使用当时的活期存款利率；

$R_{Md}$：D 天的市场回报率。

接着我们计算了利用 CAPM 基本模型、Fama-French 三因素模型计算了多头减空头的组合超常收益，计算公式如下：

$$(R_L - R_S)_d = a_{LS}^{CAPM} + b_{LS} (R_{Md} - R_{Fd}) + \varepsilon_{LS,D}^{CAPM} \tag{6-7}$$

$$(R_L - R_S)_d = a_{LS}^{3f} + b_{LS} (R_{Md} - R_{Fd}) + s_{LS} SMB_d + h_{LS} HML_d + \varepsilon_{LS,d}^{3f} \tag{6-8}$$

最后，我们计算了高信息不确定性和低信息不确定性股票之间超常收益的差异，计算公式如下：

$$(R_L - R_S)_d^{HighIU} - (R_L - R_S)_d^{LowIU} = a_{LS}^{CAPM} + b_{LS} (R_{Md} - R_{Fd}) + \varepsilon_{LS,D}^{CAPM} \tag{6-9}$$

$$(R_L - R_S)_d^{HighIU} - (R_L - R_S)_d^{LowIU} = a_{LS}^{3f} + b_{LS} (R_{Md} - R_{Fd}) + s_{LS} SMB_d + h_{LS} HML_d + \varepsilon_{LS,d}^{3f} \tag{6-10}$$

回归结果见表 6-10。从表 6-10 中我们可以看出，在多头减空头的策略中，高信息不确定性的组合每日可以获得 0.01～0.02bp 的超常收益，而低信息不确定性的组合每日获得 -0.02～-0.01bp 的超常收益。高的信息不确定性组合与低的信息不确定性组合的每日超常收益的差额为 0.007～0.01bp。这些都说明信息不确定性高的组合能带来更多的超常收益，支持了我们的假说2。

表6-10　　极端组合中高信息不确定性的组合和低信息
不确定性的组合平均每日超常回报

| | CAPM | | 3-Factor | |
| --- | --- | --- | --- | --- |
| | Low IU | High IU | Low IU | High IU |
| short（group=1） | 0.0003 | −0.0005 | 0.0003 | −0.0002 |
| long（group=5） | 5.7e−06 | −0.0003 | −0.00003 | −0.0001 |
| long−short | −0.0002 | 0.0002 | −0.0003 | 0.0001 |
| t−sat（long−short） | −14.17*** | 14.32*** | −22.58*** | 21.5*** |
| Diff high IU−Low IU | 0.00007 | t=4.01*** | 0.0001 | t=6.31*** |

# 6.2　小　结

　　本章我们用会计信息质量作为信息不确定性的衡量变量，分析了信息不确定性与会计信号——年报未预期盈余之间的关系，进而，我们研究了信息不确定性与年报公告后超常收益之间的关系。我们的研究发现：信息不确定性是PEAD产生和持续的重要原因之一，它既可以通过影响未预期盈余的大小间接影响盈余公告后的漂移现象，也可以直接对PEAD产生影响。信息不确定性大的企业正的或负的未预期盈余的绝对值都比较大，进而信息不确定性大的企业的PEAD也比较大。这个结论在一定程度上解释了我国PEAD的大小与未预期盈余程度相关的原因。然而，面对企业提供的形形色色的信息，不同的投资者会有不同的反应，从而采取不同的策略，这必定会对PEAD整个过程的表现产生影响，因此本书在第7章从投资者行为的角度对PEAD进行了实证检验。

# 7 投资者行为差异与盈余公告后的漂移现象

上一章我们主要从信息不确定性的角度对 PEAD 进行了相应的实证检验，我们发现 PEAD 与未预期盈余的绝对值相关的深层原因可能是信息不确定性。本章我们将从投资者行为差异的角度分析不同投资者对 PEAD 的影响。

## 7.1　相关实证检验

### 7.1.1　理论背景及假设发展

关于机构投资者与散户投资者对盈余公告后的漂移现象的影响一直存在争论，并已形成了两组对立的观点。一些学者从信息处理偏差的角度出发，认为 PEAD 现象主要是由散户投资者不能正确地理解盈余的时间序列特征造成的。还有一些学者从行为学角度出发，认为机构投资者比散户表现出更多的过度自信，往往对新信息反应不足，从而引发 PEAD。

早期的研究表明，至少一部分市场参与者不能很好地利用过去公布的盈余信息预测未来的盈余（Rendleman 等，1987；Freeman 和 Tse，1989；Bernard 和 Thomas，1989，1990；Bartov，1992；Bernard 和 Seyhun，1997；Bernard，Thomas 和 Wahlen，1997）。特别是，Bernard 和 Thomas（1990）发现市场的部分参与者未能充分

地认识盈余偏离季节性随机游走的特征。他们认为，漂移发生的主要原因是投资者将季节盈余当做季节性随机游走，这个过程实际上是一阶差分自相关过程。然而，他们也对自己的结果表示疑惑，为什么美国证券交易所和纽约证券交易所这样高度竞争的市场也似乎受到了幼稚投资者的影响呢？事实上，Bartov（1992）在讨论他的观点时（漂移现象是对盈余过程错误定价产生的）也遇到了相同的问题。Ball 和 Bartov（1996）关于市场对盈余错误定价假设的进一步检验结果表明：市场中不同的投资者确实能区分盈余的变化特征，这一结果和 Brown-Rozeff 的研究类似，但是其关于参数的估计系统性地偏低。他们的观点已被 Maines 和 Hand（1996）所检验，根据他们的观点，漂移现象的产生或者是因为投资者对盈余序列相关变化的有偏估计，或者是因为研究者对盈余预测超常回报能力的有偏估计。上述研究说明市场部分参与者是使用季节性随机游走模型进行盈余预测的。然而，这实际上提出了一个问题，什么样的投资者会将自己限制在随机游走模型提供的简单盈余预测信息中？

Ohlson（1995）的理论模型显示，随着投资者财富的增加，信息系统的价值也在增加。在他的模型里，价值只包含信息收益的一面，并没有包含信息成本。Cready（1988）将信息成本引入 Ohlson模型并证明，当高成本信息的价值随着投资者财富的增加而增加时，投资者获得的高成本信息也会随着投资者财富的增加而增加，这暗示了不富裕的投资者主要是使用低成本信息。因此市场中以季度随机游走模型为主进行预测的投资者主要是不富裕的投资者，因为季度随机游走模型是成本最低的信息获取方式；相反，财力雄厚的投资者倾向于利用成本较高、价值更相关的信息，而不仅仅是用过去的盈余做简单的预测（EI-Gazzar，1998），因此这些投资者的交易行为与不富裕的投资者的交易行为不一致。Bartov 等（2000）的研究证明，机构投资者比例高的公司漂移低，因为他们是聪明的投资者，很少会反应不足。Mikhail 等（2003）的研究结果表明，如果公司被有经验的分析师跟踪，则盈余公告后漂移是小的，这主要是因为它们能更全面地包含盈余惊奇。

　　上述研究表明随着财富的增加，投资者获得和处理信息的能力将显著提高。由于机构投资者掌控较多的财富，能够获得企业更多的信息进行盈余预测，而不是简单根据过去的盈余进行推测，所以，PEAD 现象主要是由散户投资者不能正确理解盈余的时间序列特征造成的。为此，我们提出如下假说：

　　**假说 1：在盈余公告后，无论是好消息还是坏消息，机构投资者持有比例高的企业盈余公告后的漂移要小于散户投资者持有比例高的企业。**

　　然而，以上论述只是从整体上对比了机构投资者和散户投资者之间 PEAD 的差异，在整个 PEAD 过程中，以基金公司为代表的机构投资者与散户投资者的不同行为方式又会产生什么样的影响呢？现有的研究表明机构投资者会比散户投资者表现出更多的过度自信。例如，在一个可预知能力很低的股票市场环境中，"专家"可能比新手更容易出现过度自信，这是因为他们掌握着理论和模型，据此这些专家可能倾向于高估自己（Griffin 和 Tversky，1992）。Camera 和 Johnson（1997）把专家不能做出准确预测称为"过程-业绩之谜"。另一种可能的解释是，随着经验增加，一些投资者已经拥有了成功经验，这使得他们坚信自己是正确的（Griffin 和 Tversky，1992），从而导致过度自信。Gervais 和 Odean（2001）建立了一个模型，在该模型中，投资者因为经历过牛市而变得过度自信。因此，可预知那些曾在牛市中投资过的投资者比新投资者更多地显现出过度自信的特点。当企业公布的盈余与机构投资者预期的盈余发生较大的偏离时，机构投资者会做出这个企业是个好企业或坏企业的判断，并因此做出投资决策，积极买入未预期盈余增加较大的股票，卖出未预期盈余为负的股票。由于机构投资者存在明显的羊群效应，这会使得他们竞相购买同几只股票，出售相同的另几只股票。由于市场上机构投资者越来越多，资金量庞大，这些交易会使这几只股票的价格持续地上升或持续地下降。而作为不知情的交易者——散户，由于存在明显的代表性偏误，认为股价持续上涨意味有巨大的利好消息，而股价持续下跌意味较大的利坏消息，所以他们也会积极地买入或卖出相关股票，这又进一步推动了股票价格的上涨或下跌，最终导致过度反应。由于投资者都有规避风险的心态，对于坏消息，投资者会尽快做出反应以避免损失，所以对未预期盈余为负的较大的股票过度反应更明显。然而这种过度反应在以散户投资为主的股票中不会太明显，因为散户的资金量有限，并且投资分散很难形成一种价格下跌或上涨的趋势。当然，由于我国散户投资者也存在严重的羊群效应，所以我们提出假说2：

**假说2：机构投资者持有的股票无论是好消息还是坏消息，都会存在一定程度的过度反应，并且坏消息的过度反应程度要大，而非机构重仓持有的股票这种过度反应不明显。**

## 7.1.2 研究设计

### 1）数据来源与样本选择

本研究的数据全部来自于香港理工大学与深圳国泰安信息技术有限公司联合开发的 CSMAR 数据系统。本研究选定 1999—2003 年间上市公司的数据作为研究对象。以 1999 年为起点是由于在此之后，机构投资者在市场中的作用才逐渐被重视。

### 2）主要变量的衡量

为检验上述假说，我们必须选择合适的代表投资者精明程度的变量。在以前的文献中，机构投资者的股票持有量通常被用来作为投资者精明程度的代理变量（Hand，1990；Utama 和 Cready，1997；Walther，1997；El-Gazzar，1998），在本书中我们也用此指标。选择机构投资者的股票持有量作为代理变量的原因在于，机构投资者在收集和处理信息上比个人投资者有优势，所以他们通常比个人投资者甚至专家更精明。而个人或专家很少对自己偏好的投资进行分析（Mayer，1998；Shiller 和 Pound，1998；Yunker 和 Krehbiel，1988）。

在我们的实证分析中，两个不同的代理变量被用来控制交易成本：一个是年交易量，以前的研究（Chiang 和 Venkatesh，1988）已经证明交易量和买卖价差之间的负相关关系；另一个是股价。Bhushan（1994）在交易成本和漂移的相关性研究中，使用了股价和交易量作为交易成本的代理变量。与 Bhushan（1994）一致，我们认为，高的股价和高的交易量反映了较低的每股成本。

3）模型设定与变量说明

根据假说 1，我们提出模型 7-1：

$$Y_{it} = \alpha_0 + \alpha_1 \text{decile}_{it} + \alpha_2 \text{duelh}_{it} + \alpha_3 \text{insti}_{it} + \alpha_4 \text{dueMv}_{it} + \alpha_5 \text{duePrice}_{it} + \alpha_6 \text{dueVol}_{it} + \alpha_7 \text{dueturn}_{it} + \alpha_8 \text{dueda}_{it} + \alpha_9 \text{duedaln}_{it} + \varepsilon_{it} \qquad (7-1)$$

其中：

Y：我们分别用超常收益的累计值（CAR），平均超常收益（AAR）作为因变量进行回归。

Decile：通过对未预期盈余取绝对值再对其排序得到。我们预期，当企业向市场发布的是好消息（未预期盈余>0）时，Decile 与超常收益的累计值、平均超常收益成正比；反之，当企业向市场发布的是坏消息（未预期盈余<0）时，Decile 与超常收益的累计值、平均超常收益成反比。

Duelh：Decile 和 Insti 的交乘项。我们预期，当因变量为超常收益的累计值、平均超常收益时，如果企业发布的是好消息（未预期盈余>0），Duelh 的符号为负；如果企业发布的是坏消息（未预期盈余<0），Duelh 的符号为正。

Insti：虚拟变量。如果公司是机构投资者，在前一年第四季度和本年第一季度同时重仓持有，取值1；机构投资者在此期间非重仓持有或不持有，则取值0。

dueMv：Decile 和年末流通股市值的自然对数的乘积。

duePrice：Decile 和年末收盘价的乘积，代表交易成本。

dueVol：Decile 和全年交易量的乘积，代表交易成本。

dueturn：Decile 和换手率的乘积，代表交易成本。

dueda：Decile 和会计信息质量的乘积。

duedaIn：Decile 和会计信息质量以及是否为机构持有三者的乘积。

对于假说2，我们首先将未预期盈余分成大于0（好消息）和小于0（坏消息）的两部分，针对每部分从小到大排列，分成5等份，共形成10个投资组合。选出好消息部分的第1组（正的未预期盈余最小的组）、第5组（正的未预期盈余最大的组），以及坏消息部分的第6组（负的未预期盈余最小的组）、第10组（负的未预期盈余最大的组）作为研究组。在每组中，我们将其分成基金重仓持有的股票和非基金重仓持有的股票。对于这两类股票，我们以公告前的 CAR 值从小到大排序，分成3等份，保留第1组和第3组分别作为输者组合和盈者组合，然后对比基金重仓持有的股票与非基金重仓持有的股票在盈余公告后的0天、5天、10天、15天、20天、25天、30天、40天、50天、60天累计超常收益率的变化趋势。

### 7.1.3 实证检验及结果分析

1）实证检验

首先，我们将未预期盈余分成大于0和小于0的两组，针对每组从小到大排列，分成5等份，共形成10个投资组合。图7-1描述了基金公司重仓股股票在各组合中的分布。

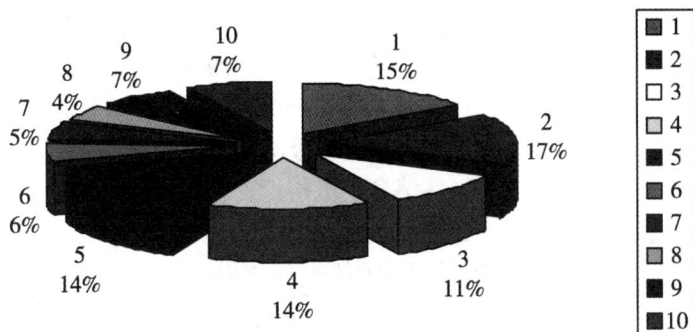

图7-1　未预期盈余各组合中基金重仓股的分布

　　从图7-1中可以看出，基金重仓股在好消息的组合中分布较多，占所有重仓股的71%，其中未预期盈余正的较小的组——1组和2组，共占比为32%。这说明基金重仓持有的股票整体上具有利好消息，并且一半集中在未预期盈余变化较小的组。

　　首先，我们分好消息与坏消息对模型7-1进行了回归，回归结果见表7-1、表7-2。其中表7-1为好消息的回归结果，我们发现在盈余公告后30天、60天、90天以基金公司为代表的机构投资者的符号在Panel Data下显著为负，说明机构投资者持有的股票无论是每天的累计超常回报还是平均每天的超常回报都显著小于散户投资者持有的股票，这支持本章的假说1。但是机构投资者与未预期盈余乘积的符号为正（但不显著），说明机构投资者没有提高未预期盈余对漂移的影响作用。另外，我们还可以看出，规模对于漂移有抑止作用，规模越大，漂移越小，这个结论同Foster、Olsen和Shevlin（1984）研究的结果一致。此外，上年年末的收盘价有助于减少漂移现象，这主要是因为较高的上年收盘价反映了较低的交易成本，这一结论与Bhushan（1994）研究的结果一致；换手率也对降低漂移有影响。

对于坏消息，我们从表 7-2 中可以发现，在 Panel Data 30 天、60 天、90 天中，机构投资者持有股票的累计超常收益率显著小于散户投资者，即对于坏消息，基金重仓持有的股票的漂移要大于非基金重仓持有的股票，这与假说 1 不一致。这说明当机构投资者重仓持有的股票出现坏消息时，它会积极卖出相应的股票，由于羊群效应的资金量较大，所以坏消息中机构投资者重仓持有的股票的累计超常收益率显著低于散户投资者。

表 7-1　　　　　　　模型 7-1 回归结果（ue≥0）

| 变量 | 预计符号 | Panel Data | | | | | |
|---|---|---|---|---|---|---|---|
| | | CAR30 | AAR30 | CAR60 | AAR60 | CAR90 | AAR90 |
| 常数项 | ? | −0.0028 | −0.0003 | −0.006 | 0.000006 | −0.006 | 0.00008 |
| | | (−0.25) | (−0.46) | (−0.44) | (−0.02) | (−0.03) | (0.28) |
| Decile | + | 0.14 | 0.009 | 0.21 | 0.005 | 0.23 | 0.003 |
| | | (2.5) *** | (3.42) *** | (2.97) *** | (2.56) *** | (2.68) *** | (1.71) * |
| Insti | − | −0.054 | −0.0028 | −0.089 | −0.003 | −0.13 | −0.003 |
| | | (−1.74) * | (−1.91) *** | (−2.25) ** | (−2.81) *** | (−2.77) *** | (−3.35) *** |
| Duelh | − | 0.06 | 0.0003 | 0.008 | 0.0003 | 0.012 | 0.0003 |
| | | (1.12) | (0.87) | (1.21) | (1.56) | (1.48) | (1.83) * |
| dueMv | − | −0.0067 | −0.0004 | −0.01 | −0.0002 | −0.01 | −0.0001 |
| | | (−2.48) *** | (−3.36) *** | (−2.84) *** | (−2.35) ** | (−2.49) *** | (−1.43) * |
| duePrice | − | −0.0003 | −0.00002 | −0.0007 | −0.00003 | −0.0012 | −0.00003 |
| | | (−1.88) * | (−2.52) *** | (−1.46) | (−6.05) *** | (−5.77) *** | (−8.24) *** |
| dueVol | − | 0.001 | 0.00006 | 0.0013 | 0.00002 | 0.001 | −5.2e-07 |
| | | (1.85) * | (−2.46) *** | (1.81) * | (1.03) | (1.25) | (−0.03) |

| 变量 | 预计符号 | Panel Data | | | | | |
|---|---|---|---|---|---|---|---|
| | | CAR30 | AAR30 | CAR60 | AAR60 | CAR90 | AAR90 |
| Dueturn | - | -0.002 | -0.00003 | -0.0007 | -0.00002 | -0.001 | -0.00002 |
| | | (-0.54) | (-1.79)* | (-1.46) | (-1.88)* | (-1.69)* | (-1.48) |
| Dueda | - | -0.0004 | -0.00001 | -0.0004 | -8.1e-06 | -0.0004 | -4.4e-06 |
| | | (-1.68)* | (-1.43) | (-1.55) | (-1.13) | (-1.23) | (-0.75) |
| Obs. | | 1 493 | 1 493 | 1 493 | 1 493 | 1 493 | 1 493 |
| Adj. $R^2$ (%) | | 3.39 | 5.13 | 6.45 | 8.03 | 8.93 | 11.97 |
| F值 | | 3.41*** | 5.2*** | 5.72*** | 8.6*** | 7.93*** | 11.35*** |

*、**、*** 分别表示在 10%、5%、1% 的显著性水平上显著。Panel Data 中的固定效应影响变量未在表中列出

表 7-2　　　　　模型 7-1 回归结果 （ue<0）

| 变量 | 预计符号 | Panel Data | | | | | |
|---|---|---|---|---|---|---|---|
| | | CAR30 | AAR30 | CAR60 | AAR60 | CAR90 | AAR90 |
| 常数项 | ? | 0.0049 | 6.5e-06 | 0.006 | 0.0002 | 0.0066 | 0.0001 |
| | | (0.78) | (0.02) | (0.74) | (1.02) | (0.64) | (0.55) |
| Decile | + | 0.0037 | 0.0017 | 0.008 | -0.0003 | 0.012 | 0.0003 |
| | | (0.12) | (1.07) | (0.2) | (-0.28) | (0.24) | (0.39) |
| Insti | - | -0.056 | -0.003 | -0.1 | -0.0036 | -0.16 | -0.004 |
| | | (-2.33)** | (-2.4)*** | (-3.13)*** | (-4.09)*** | (-4.18)*** | (-5.42)*** |
| Duelh | + | 0.06 | 0.0005 | 0.015 | 0.0005 | 0.023 | 0.0005 |
| | | (2.12)** | (2.49)*** | (2.79)*** | (3.48)*** | (3.54)*** | (4.45)*** |

续表

| 变量 | 预计符号 | Panel Data | | | | | |
|---|---|---|---|---|---|---|---|
| | | CAR30 | AAR30 | CAR60 | AAR60 | CAR90 | AAR90 |
| dueMv | — | 0.0003 | −0.00005 | 0.0005 | 0.00004 | 0.0007 | 7.5e-06 |
| | | (0.19) | (−0.68) | (0.25) | (0.77) | (0.28) | (0.17) |
| duePrice | — | −0.0005 | −0.0003 | −0.001 | −0.00003 | −0.0014 | −0.00003 |
| | | (−6.27)*** | (−6.49)*** | (−8.21)*** | (−9.39)*** | (−9.56)*** | (−10.7)*** |
| dueVol | — | −0.0005 | 0.00003 | −0.0008 | −0.00002 | −0.001 | −0.00002 |
| | | (−1.7)* | (−1.8)* | (−2.13)** | (−2.47)*** | (−2.25)** | (−2.38)** |
| Dueturn | — | −0.00013 | −0.00001 | −0.0003 | −5.3e-06 | −0.0003 | −2.5e-06 |
| | | (−0.61) | (−1.05) | (−0.92) | (−0.69) | (−0.85) | (−0.4) |
| Dueda | — | −0.00003 | −4.6e-06 | −0.0001 | −2.5e-06 | −0.0002 | −3.5e-06 |
| | | (−0.31) | (−1.43) | (−0.98) | (−0.69) | (−1.11) | (−1.16) |
| Obs. | | 2 748 | 2 748 | 2 748 | 2 748 | 2 748 | 2 748 |
| Adj. R² (%) | | 3.99 | 4.73 | 5.57 | 6.32 | 7.07 | 8.49 |
| F值 | | 7.73*** | 8.67*** | 11.28*** | 13.4*** | 14.5*** | 18.01*** |

*、**、*** 分别表示在 10%、5%、1% 的显著性水平上显著。Panel Data 中的固定效应影响变量未在表中列出

为了进一步考察市场对好消息与坏消息的反应的差异，我们将样本限制在未预期盈余正的极端组和负的极端组中，回归结果见表 7-3。从表 7-3 中我们发现，好消息的累计超常收益率在 30 天、60 天和 90 天的值要低于相应的坏消息的累计超常收益率，这与第 5 章的发现是一致的，并且从机构投资者和未预期盈余的交乘项中可以看出，机构投资者持有的股票具有好消息的组合有较低的累计超常收益率。

表7-3　　模型7-1回归结果（样本为未预期盈余极端组）

| 变量 | 预计符号 | Panel Data | | | | | |
| --- | --- | --- | --- | --- | --- | --- | --- |
| | | CAR30 | AAR30 | CAR60 | AAR60 | CAR90 | AAR90 |
| 常数项 | ? | 0.068 | 0.0037 | 0.09 | 0.0026 | 0.12 | 0.0025 |
| | | (6.02) *** | (6.72) *** | (6.33) *** | (6.3) *** | (6.71) *** | (7.03) *** |
| Decile | ? | -0.79 | -0.051 | -1.37 | -0.03 | -1.56 | -0.013 |
| | | (-1.85) * | (-2.44) ** | (-2.46) ** | (-1.91) * | (-2.28) ** | (-0.93) |
| Instit | - | -0.009 | -0.00012 | -0.023 | -0.0018 | -0.063 | 0.001 |
| | | (-0.32) | (-0.09) | (-1.67) * | (-1.88) * | (-2.49) ** | (1.95) * |
| Duelh | - | -0.04 | -0.003 | -0.094 | -0.003 | -0.14 | -0.0011 |
| | | (-1.66) * | (-1.76) * | (-2.07) * | (-2.6) ** | (-2.46) ** | (-1.0) |
| dueMv | - | 0.037 | 0.0025 | 0.065 | 0.0014 | 0.072 | 0.0005 |
| | | (1.72) * | (2.33) ** | (2.31) ** | (1.77) * | (2.1) | (0.77) |
| duePrice | - | -0.0012 | -0.00001 | 0.00006 | -3e-06 | 0.0023 | 0.00007 |
| | | (-0.79) | (-0.16) | (0.03) | (-0.05) | (0.95) | (1.53) |
| dueVol | - | -0.005 | -0.0003 | -0.012 | -0.00008 | -0.01 | -4.3e-06 |
| | | (-0.48) | (-0.73) | (-0.91) | (-0.22) | (-0.74) | (-0.01) |
| Dueturn | - | 0.0006 | -0.00006 | 0.005 | 0.0002 | 0.009 | 0.00003 |
| | | (0.09) | (-0.17) | (0.62) | (0.82) | (0.87) | (0.15) |
| Dueda | - | 0.013 | 0.0004 | 0.014 | 0.0003 | 0.013 | 0.0002 |
| | | (2.56) *** | (1.75) * | (2.04) ** | (1.37) | (1.57) | (1.18) |
| Obs. | | 588 | 588 | 588 | 588 | 588 | 588 |
| Adj. R² (%) | | 0.54 | 1.18 | 1.87 | 4.32 | 4.9 | 9.95 |
| F值 | | 7.66 *** | 3.07 *** | 3.04 *** | 2.99 *** | 2.44 *** | 3.69 *** |

\*、\*\*、\*\*\*分别表示在10%、5%、1%的显著性水平上显著。Panel Data中的固定效应影响变量未在表中列出。Decile：当样本为好消息时取1，否则取0；Instit：机构投资者重仓持股为1，否则为0

总之，从上述检验中，我们发现，市场对好消息反应小于坏消息。究其原因，机构投资者重仓持有的股票主要集中于好消息的组合中，并且有较低的正的累计超常收益率，说明机构投资者对这些企业的盈余预测较准确，所以其买卖行为相对较少；而散户投资者通常跟随机构投资者而动，其相应的买卖行为也随之减少，因此市场对好消息反应平淡；另有一部分机构投资者持有的股票分布在坏消息中，并且有较高的负的累计超常收益率，说明机构投资者对这些企业的盈余预测有偏，此时机构投资者会积极卖出相应股票，由于资金量大，会引起相应股价持续下跌，而散户投资者也会随之抛售相应股票，从而市场表现为对坏消息反应剧烈。

表7-4　　　　　**不同信息类型下，机构投资者和散户投资者的过度反应比较表**

Panel A: UE>0

| | | | Car-1 | Car0 | Car5 | Car10 | Car15 | Car20 | Car25 | Car30 | Car40 | Car50 | Car60 |
|---|---|---|---|---|---|---|---|---|---|---|---|---|---|
| 分位1 | 机构 | Lose | -0.04 | -0.03 | -0.0106 | -0.002 | 0.01 | 0.01 | 0.01 | 0.01 | 0.01 | 0.03 | 0.06 |
| | | Win | 0.2 | 0.223 | 0.2214 | 0.23 | 0.26 | 0.28 | 0.28 | 0.26 | 0.21 | 0.22 | 0.26 |
| | | Diff | -0.24 | -0.23 | -0.23 | -0.23 | -0.25 | -0.27 | -0.27 | -0.25 | -0.2 | -0.19 | -0.2 |
| | | T值 | -8 *** | -6.89 *** | -4.4 *** | -3.8 *** | -3.5 *** | -4.3 *** | -3.8 *** | -3 *** | -2.8 ** | -3 *** | -2.8 ** |
| | 散户 | Lose | -0.08 | -0.08 | -0.1021 | -0.11 | -0.11 | -0.1 | -0.09 | -0.09 | -0.1 | -0.11 | -0.1 |
| | | Win | 0.1 | 0.1 | 0.105 | 0.11 | 0.1 | 0.1 | 0.11 | 0.11 | 0.09 | 0.09 | 0.08 |
| | | Diff | -0.18 | -0.18 | -0.2 | -0.22 | -0.21 | -0.2 | -0.2 | -0.2 | -0.19 | -0.2 | -0.18 |
| | | T值 | -12.6 *** | -11.7 *** | -9.4 *** | -7.5 *** | -6.6 *** | -6.1 *** | -6.2 *** | -6.1 *** | -5.95 *** | -5.9 *** | -5.1 *** |
| 分位5 | 机构 | Lose | -0.01 | -0.01 | -0.017 | -0.011 | -0.01 | -0.01 | 0.001 | 0.01 | 0.02 | 0.03 | 0.02 |
| | | Win | 0.19 | 0.18 | 0.16 | 0.15 | 0.15 | 0.14 | 0.16 | 0.13 | 0.15 | 0.15 | 0.2 |
| | | Diff | -0.2 | -0.19 | -0.18 | -0.16 | -0.15 | -0.15 | -0.15 | -0.12 | -0.13 | -0.12 | -0.18 |
| | | T值 | -4.6 *** | -4.2 *** | -3.5 *** | -3.34 *** | -3.3 *** | -2.9 *** | -2.5 ** | -1.9 * | -1.8 * | -2.08 ** | -3.2 ** |
| | 散户 | Lose | -0.07 | -0.06 | -0.07 | -0.07 | -0.08 | -0.07 | -0.07 | -0.07 | -0.08 | -0.09 | -0.1 |
| | | Win | 0.18 | 0.17 | 0.16 | 0.17 | 0.17 | 0.17 | 0.16 | 0.15 | 0.16 | 0.17 | 0.19 |
| | | Diff | -0.25 | -0.23 | -0.23 | -0.24 | -0.25 | -0.24 | -0.23 | -0.22 | -0.24 | -0.26 | -0.29 |
| | | T值 | -13.9 *** | -12.5 *** | -10.7 *** | -10.8 *** | -9.5 *** | -8.9 *** | -8 *** | -7.8 *** | -8 *** | -8 *** | -8.13 *** |

Panel B：UE<0

| | | | Car-1 | Car0 | Car5 | Car10 | Car15 | Car20 | Car25 | Car30 | Car40 | Car50 | Car60 |
|---|---|---|---|---|---|---|---|---|---|---|---|---|---|
| 分位1 | 机构 | Lose | -0.09 | -0.08 | -0.07 | -0.08 | -0.09 | -0.08 | -0.09 | -0.09 | -0.09 | -0.11 | -0.09 |
| | | Win | 0.13 | 0.12 | 0.13 | 0.14 | 0.17 | 0.17 | 0.2 | 0.21 | 0.2 | 0.21 | 0.23 |
| | | Diff | -0.22 | -0.2 | -0.2 | -0.22 | -0.26 | -0.25 | -0.29 | -0.3 | -0.29 | -0.33 | -0.32 |
| | | T值 | -5.4*** | -4.4*** | -3*** | -3.16*** | -3*** | -2.8** | -3*** | -3*** | -3.2*** | -2.7** | -2.7*** |
| | 散户 | Lose | -0.12 | -0.12 | -0.11 | -0.1 | -0.1 | -0.1 | -0.1 | -0.09 | -0.09 | -0.1 | -0.1 |
| | | Win | 0.07 | 0.07 | 0.08 | 0.09 | 0.09 | 0.1 | 0.1 | 0.08 | 0.07 | 0.07 | 0.07 |
| | | Diff | -0.19 | -0.19 | -0.19 | -0.19 | -0.19 | -0.2 | -0.2 | -0.17 | -0.16 | -0.17 | -0.17 |
| | | T值 | -13.8*** | -13.42*** | -13.76*** | -12*** | -11*** | -11*** | -10*** | -8*** | -7.8*** | -7.6*** | -7*** |
| 分位5 | 机构 | Lose | -0.04 | -0.05 | -0.04 | -0.02 | -0.02 | -0.01 | -0.02 | -0.009 | 0.01 | -0.01 | -0.01 |
| | | Win | 0.28 | 0.27 | 0.3 | 0.33 | 0.34 | 0.35 | 0.31 | 0.3 | 0.3 | 0.28 | 0.32 |
| | | Diff | -0.32 | -0.32 | -0.34 | -0.35 | -0.36 | -0.36 | -0.33 | -0.31 | -0.29 | -0.29 | -0.33 |
| | | T值 | -7.9*** | -7*** | -6.9*** | -5.6*** | -4.7*** | -4.2*** | -4.5*** | -3.5*** | -2.9** | -3*** | -3.5*** |
| | 散户 | Lose | -0.19 | -0.19 | -0.2 | -0.19 | -0.19 | -0.19 | -0.19 | -0.19 | -0.2 | -0.21 | -0.21 |
| | | Win | 0.08 | 0.06 | 0.07 | 0.07 | 0.09 | 0.09 | 0.09 | 0.09 | 0.09 | 0.1 | 0.1 |
| | | Diff | -0.27 | -0.25 | -0.27 | -0.26 | -0.28 | -0.28 | -0.27 | -0.27 | -0.29 | -0.31 | -0.31 |
| | | T值 | -13.1*** | -12.5*** | -11*** | -10.6** | -10.4*** | -10*** | -9.5** | -9.5** | -9.3*** | -9.2*** | -8.8*** |

*、**、***分别表示在10%、5%和1%的显著性水平上显著

从表7-4中我们发现，好消息公告后，在未预期盈余较小的第1组，基金重仓持有的股票中输者组合和盈者组合的累计超常收益率都呈现上升的态势；而非基金重仓持有的股票中输者组合和盈者组合的累计超常收益率变化不大。在未预期盈余变化较大的第5组，基金重仓持有的股票中输者组合仍保持逐步上升的态势，而盈

者组合的累计超常收益率却呈现先下降再上升的状况，累计超常收益率从公告当天的 18% 下降到公告后 30 天的 13%，降幅达 5%，呈现出反应过度的态势；而非基金重仓持有的股票中输者组合和盈者组合的累计超常收益率变化不大。

对于坏消息，盈余公告后，在未预期盈余值较小的第 1 组，基金重仓持有的股票中输者组合变化不大，但盈者组合在盈余公告的当天，累计超常收益率略有下降，随后逐步上升，在 60 天时达到 23%，升幅达 10%，表现出较强的反应过度。非基金重仓持有的股票中输者组合和盈者组合的累计超常收益率变化不大。在未预期盈余数值较大的第 5 组，基金重仓持有的股票中输者组合和盈者组合都表现出较明显的反应过度，累计超常收益率先下降再上升，其中输者组合升幅达 6%，盈者组合升幅达 8%；而非基金重仓持有的股票组合中，输者组合累计超常收益率变化不大，但盈者组合累计超常收益率先降后升，表现出反应过度，升幅达 4%。

2）稳健性检验

我们又使用了标准化的未预期盈余 SUE 重新进行检验，实证结果见表 7-5、表 7-6。SUE 的计算公式如下：

$$\text{SUE1}_{i,t} = \frac{\text{UE1}_{i,t}}{\sigma_{\text{UE1}_i}} \quad \text{SUE2}_{i,t} = \frac{\text{UE2}_{i,t}}{\sigma_{\text{UE2}_i}} \quad (7\text{-}2)$$

表 7-5　模型 7-1 回归结果（ue≥0）（标准化未预期盈余）

| 变量 | 预计符号 | Panel Data | | | | | |
|---|---|---|---|---|---|---|---|
| | | CAR30 | AAR30 | CAR60 | AAR60 | CAR90 | AAR90 |
| 常数项 | ? | 0.0026 | 0.0001 | 0.005 | 0.0004 | 0.014 | 0.0004 |
| | | (0.21) | (0.21) | (0.33) | (0.94) | (0.79) | (1.26) |
| Decile | + | 0.11 | 0.008 | 0.18 | 0.0046 | 0.21 | 0.002 |
| | | (1.87)* | (2.88)*** | (2.56)*** | (2.43)*** | (2.41)*** | (1.37)* |

续表

| 变量 | 预计符号 | Panel Data | | | | | |
|------|----------|------------|------|------|------|------|------|
| | | CAR30 | AAR30 | CAR60 | AAR60 | CAR90 | AAR90 |
| Insti | − | −0.039 | −0.0039 | −0.1 | −0.0037 | −0.173 | −0.004 |
| | | (−0.92) * | (−1.97) ** | (−1.96) ** | (−2.68) *** | (−2.67) *** | (−3.64) *** |
| Duelh | − | 0.002 | 0.0003 | 0.0077 | 0.0003 | 0.014 | 0.0004 |
| | | (0.36) | (1.09) | (1.03) | (1.59) | (1.56) | (2.31) ** |
| dueMv | − | −0.005 | −0.0004 | −0.009 | −0.0002 | −0.01 | −0.00008 |
| | | (−1.8) * | (−2.77) *** | (−2.41) ** | (−2.21) ** | (−2.19) *** | (−1.06) |
| duePrice | − | −0.0004 | −0.00003 | −0.0009 | −0.0003 | −0.0013 | −0.0003 |
| | | (−2.94) *** | (−3.61) *** | (−4.87) *** | (−6.48) *** | (−6.13) *** | (−8.21) *** |
| dueVol | − | 0.0009 | 0.00006 | 0.0012 | 0.00002 | 0.001 | −1.4e-06 |
| | | (1.53) * | (2.17) *** | (1.64) * | (0.96) | (1.21) | (−0.09) |
| Dueturn | − | −0.0004 | −0.00004 | −0.0009 | −0.00003 | −0.0013 | −0.00002 |
| | | (−1.03) | (−2.29) ** | (−1.87) * | (−2.09) ** | (−2.15) ** | (−1.85) * |
| Dueda | − | −0.0003 | −0.00002 | −0.0004 | −0.000012 | −0.0006 | −0.00001 |
| | | (−1.31) * | (−1.56) | (−1.57) | (−1.67) * | (−1.69) * | (−1.71) * |
| Obs. | | 1 416 | 1 416 | 1 416 | 1 416 | 1 416 | 1 416 |
| Adj. $R^2$ (%) | | 3.18 | 5.28 | 6.64 | 8.91 | 8.43 | 11.25 |
| F值 | | 2.94 *** | 5.26 *** | 6.05 *** | 8.62 *** | 8.8 *** | 11.36 *** |

*、**、***分别表示在 10%、5%、1% 的显著性水平上显著。Panel Data 中的固定效应影响变量未在表中列出

**表 7-6　　　模型 7-1 回归结果（ue<0）（标准化未预期盈余）**

| 变量 | 预计符号 | Panel Data | | | | | |
|---|---|---|---|---|---|---|---|
| | | CAR30 | AAR30 | CAR60 | AAR60 | CAR90 | AAR90 |
| 常数项 | ? | 0.0086 | 0.0003 | 0.013 | 0.0004 | 0.0066 | 0.0002 |
| | | (1.37) | (0.81) | (1.54) | (1.83)* | (0.64) | (1.15) |
| Decile | + | 0.0014 | 0.0013 | 0.0067 | -0.00003 | 0.012 | 0.0006 |
| | | (0.05) | (0.77) | (0.16) | (-0.1) | (0.24) | (0.62) |
| Insti | - | -0.0098 | -0.0006 | -0.035 | -0.0015 | -0.16 | -0.003 |
| | | (-0.4)** | (-0.44)*** | (-1.05)*** | (-1.71)* | (-4.18)*** | (-3.59)*** |
| Duelh | + | -0.002 | -0.00005 | -0.0005 | 0.00003 | 0.023 | 0.0002 |
| | | (-0.45)** | (-0.2)*** | (0.09)*** | (0.21)*** | (3.54)*** | (1.79)* |
| dueMv | - | 0.0004 | -0.00004 | 0.0004 | 0.00002 | 0.0007 | -6.2e-06 |
| | | (0.28) | (-0.46) | (0.25) | (0.39) | (0.28) | (-0.14) |
| duePrice | - | -0.0004 | -0.00003 | -0.0009 | -0.00003 | -0.0014 | -0.00003 |
| | | (-4.69)*** | (-5.39)*** | (-6.72)*** | (-8.12)*** | (-9.56)*** | (-9.56)*** |
| dueVol | - | -0.0004 | -0.00002 | -0.0006 | -0.000016 | -0.001 | -0.00002 |
| | | (-1.45) | (-1.56) | (-1.64)* | (-1.5)** | (-2.25)** | (-2.03)** |
| Dueturn | - | -0.00005 | -0.00006 | -0.0002 | -8.8e-06 | -0.0003 | -2.5e-06 |
| | | (-0.23) | (-0.54) | (-0.72) | (-1.07) | (-0.85) | (-0.37) |
| Dueda | - | -0.00004 | -4.2e-06 | -0.00008 | -4.8e-07 | -0.0002 | -1.6e-06 |
| | | (-0.34) | (-0.75) | (-0.58) | (-0.12) | (-1.11) | (-0.5) |
| Obs. | | 2 619 | 2 619 | 2 619 | 2 619 | 2 619 | 2 619 |
| Adj. $R^2$ (%) | | 4.04 | 4.72 | 5.46 | 6.09 | 7.07 | 8.04 |
| F值 | | 5.75*** | 6.68*** | 8.59*** | 10.58*** | 14.5*** | 14.91*** |

*、**、***分别表示在 10%、5%、1% 的显著性水平上显著。Panel Data 中的固定效应影响变量未在表中列出

由此可以看出实证结果仍然支持我们的假说。

为了控制规模、账面市值比，我们又使用了 CAPM 基本模型和三因素模型进行了回归，回归结果见表 7-7。可以看出，机构投资者持有股票组合的超常收益率小于散户投资者持有股票组合的超常收益率，与我们的预期一致。

表 7-7　　　极端组合下机构投资者持有股票组合与散户
持有股票组合平均日超常收益率

|  | CAPM | | 3-Factor | |
|---|---|---|---|---|
|  | institutional | individual | institutional | individual |
| short （group = 1） | −0.0005 | −0.0004 | −0.00056 | −0.00048 |
| long （group = 5） | −0.0003 | −0.0003 | −0.00061 | −0.00044 |
| long−short | −0.0002 | −0.0001 | −0.00031 | −0.00014 |
| t−sat （long−short） | −5.0 *** | −5.81 *** | −8.84 *** | −9.76 *** |
| Diff institutional−individual | −0.00014 | t = −1.55 *** | −0.00018 | t = −1.95 ** |

经过上述分析，我们可以得出如下结论：PEAD 过程中反应过度现象主要由基金重仓持有的股票投资组合引起，并且利坏消息时，机构投资者持有的股票的盈者和输者组合表现出较强的反应过度，而利好消息时，机构投资者持有的股票的盈者组合表现出相对较弱的反应过度。其基本验证了假设 2。这解释了我国资本市场中无论是好消息还是坏消息的投资组合，盈余公告后股价都存在一定程度的反转，即存在反应过度现象，并且利坏消息的反应过度程度要严重得多。

# 7.2　小　结

盈余公告后的漂移现象（PEAD）作为资本市场重要的异象之一，一直受到学术界的关注。本章探讨了投资者特征与这一市场异象之间的关系。我们的结论表明：在盈余公告后，好消息组合中机构投资者比例高的企业的累计超常收益率要低于散户投资者比例高的企业，坏消息组合中机构投资者比例高的企业的累计超常收益率要高于散户投资者比例高的企业。同时，以基金公司为代表的机构投资者重仓持有的股票主要集中在未预期盈余大于 0 的部分（即有利好消息的公司中）。另外，机构投资者持有的股票无论是好消息还是坏消息，都会存在一定程度的过度反应，并且坏消息的过度反应程度要大，而非机构重仓持有的股票这种过度反应不明显。其具体体现在：PEAD 过程中反应过度现象主要由基金重仓持有的股票投资组合引起，并且利坏消息时，机构投资者持有的股票的盈者和输者组合表现出较强的反应过度，而利好消息时，机构投资者持有的股票的盈者组合表现出相对较弱的反应过度。

这个结论对于解释我国特有的 PEAD 现象有所帮助。一方面，由于机构投资者重仓持有的股票组合的累计超常收益率要小于非重仓持有的组合，同时，这些股票往往具有利好消息，使得好消息的股票整体上 PEAD 的程度低于坏消息的股票；另一方面，由于我国机构投资者具有明显的羊群效应，无论是其盈者组合还是输者组合，当出现较大的正的未预期盈余或负的未预期盈余时，他们会积极地买入或卖出股票。由于资金量较大，会出现股价持续下跌或上涨的态势。而散户投资者由于具有代表型偏差，认为股价持续上涨意味着巨大的利好消息，而股价持续下跌意味着较大的利坏消息，所以他们也会积极地买入或卖出相关股票，这又进一步推动了股票价格的上涨或下跌，最终导致了过度反应。这在企业未预期盈余是负的较大值的组合中更为明显，因为投资者都有规避风险的心态，对于坏消息，投资者会尽快做出反应以避免损失。

# 8 投资者注意力与盈余公告后的漂移现象

  上一章我们主要从投资者行为差异的角度对 PEAD 的影响进行了分析，我们发现机构投资者对 PEAD 有着重要影响。本章我们主要从投资者注意力的角度展开分析，探讨投资者注意力对 PEAD 的影响。

  信息充分披露一直被认为是解决现代企业以及资本市场中信息不对称的良药。1997 年的亚洲金融危机、近几年国际和国内企业的财务丑闻案件以及正在经历的全球性金融危机，使得公开信息的披露又成了监管者提高资本市场透明度和市场效率的有力武器。现有的研究认为，信息披露能够产生三个层面的经济后果：第一是微观层面的效应，即企业自身信息披露的数量和质量对经济效应方面的影响，主要表现为对企业价值、融资成本、市场流动性等方面的影响（Amihud 和 Mendelson，1986；Verrecchia，2001；Easley 和 O'Hara，2004；Hughes，Liu 和 Liu，2007；Lambert，Leuz 和 Verrecchia，2007）；第二为中观市场层面的影响，对该方面的研究主要从信息披露的外部效应出发，分析企业的信息披露对其他企业定价效率的影响（Dye，1990）；第三是宏观社会层面的影响，即公开信息及信息披露对社会福利、市场效率、分配效率的影响（Morris 和 Shin，2002；Gao，2007）。然而对这三类影响的研究都没有考虑信息传递过程中的一个重要变量——投资者注意力。注意力是一种稀缺的认知资源（Kahneman，1973），大量的心理学研究

131

表明人类大脑对认知进行处理的容量是有限的。当面对众多同时到达的信息时，注意力有限的投资者如何分配自己的注意力？进而如何对这些信息做出反应？这两个问题对我们深入理解信息披露的真实经济后果及动因都有着积极的意义。本章将试图回答这两方面的问题。

# 8.1  相关实证检验

## 8.1.1  理论背景及假设发展

在资本市场中，投资者通常面临的是大量的、同时披露的信息——信息竞争性披露，注意力作为稀有的认知资源（Kahneman，1973），投资者如何使用和分配，已成为研究信息竞争性披露对资本市场效率影响的核心问题。Hirshleifer，Lim 和 Teoh（2008）等学者在此方面做了开创性的研究，他们基于认知心理学中著名的 Stroop 任务（Stroop，1935）[1]，双重听力测试（Cherry，1953；Moray，1959；Broadbent，1958）和选择性注意力的视觉测试（Simons 和 Levin，1997）[2] 提出了"投资者注意力分散假说"，认为人的认知能力是有限的，在注意力分散的情况下，人们对相关刺激的反应会下降，因此竞争性信息的出现会降低或分散投资者的注意力，降低市场的定价效率，主要表现为投资者对盈余公告的即时

---

① 认知心理学中著名的 Stroop 任务（Stroop，1935）实验表明，人们同时处理多个信息和完成多个任务容易受到相关信息的干扰。在这个任务中，当被测试单词并不与书写它们的颜色相匹配的时候（如蓝色这个单词用红墨水写），测试对象辨识这个单词的速度会显著下降很多。

② 在双重听力测试（Cherry，1953；Moray，1959；Broadbent，1958）和选择性注意测试（Simons 和 Levin，1997）实验中，测试对象被要求将其注意力关注于一个刺激上，但是同时受到其他刺激的干扰。实验发现，当人们意识到注意力的有限性后，通常会将注意力选择性地关注到一个场景或一组刺激中，但选择性的注意力会导致视觉盲点。另外，当多个刺激同时发生时，任务完成的效果非常差（McLeod，1977；Treisman 和 Davies，1973）。

反应不足。随着时间的流逝，投资者会对盈余公告的信息充分解读，进而信息公告后的滞后反应——公告后的漂移程度较高。近期资本市场的研究也表明，未充分处理信息可能会引发资产回报波动的序列相关性（Peng，Xiong 和 Bollerslev，2006），增加与公开可利用的信息相联系的误定价（Hirshleifer 和 Teoh，2003），导致过度的资产价格的共同运动（Peng 和 Xiong，2006），以及对长期公开信息的忽视（Della Vigna 和 Pollet，2005b）和增加盈余公告后的漂移（Francis，J.，R. Lafond，P. Olsson 和 K. Schipper，2007；于李胜、王艳艳，2007）。

　　"投资者注意力分散假说"从认知心理学的角度为市场盈余信息的反应不足提供了解释，但是该假说对投资者如何分配注意力以及信息不同组成部分对投资者注意力分配的影响，并没有进行深入的分析。早期的心理学家从知觉选择、知觉反应、注意力能量分配等角度对人类认知问题展开了研究（Broadbent，1958；Deutsch，1963；Kahneman，1973）。Lavie（1995）总结了前人的研究，提出了知觉负载理论。该理论认为，人类的信息处理能力是有限的，人类会有选择地处理信息。影响选择机制的主因是所需处理的外界信息的多寡。如果所需处理的外界知觉信息量低于人类的信息处理能力，这些信息均会被进一步处理。如果外界的知觉信息量超过人类的信息处理能力，选择机制则会在信息处理的早期阶段就进行筛选，只有需要的信息才会被进一步地处理。那么人类是如何选择他所处理的信息的呢？现有的研究表明，人类最明确的认知机制是分类，即将客体按照类似的特征进行分类（Rosch 和 Lloyd，1978；Wilson 和 Keil，1999）。在金融市场中，对大量的客体进行分组也是非常普遍的事情。当进行组合投资的时候，许多投资者将资产分成大盘股、价值股、政府债、风险资本，并且决定在这些资产中如何分配资金（Bernstein，1995；Swensen，2000）。所以具有相同风格或处于同一类别的资产具有相同的特征，比如政府债具有相同的法律基础，小盘股具有相同的市场基础等。在一些例子中，同一风格资产的现金流通常会高度相关，比如汽车行业的股票。Barberis 和 Shleifer（2003）发现，为了简化投资决策，许多投资者首先将资产分成若干类别，比如小盘股、石油行业股、垃圾债等，然后在这些分类的基础上分配资金。如果进行分类投资的一些投资者是噪音交易者，并且他们的投资会影响股价，那么他们将资金从一种类别转移到另一种类别，这种资金转移将会使一些具有某种共同特征的股票自然分成一类，从而具有同向运动的趋势。投资者进行分类投资的好处至少有两方面：首先，分类简化了问题选择，使得投资者能有效地处理大量信息（Mullainathan，2000）。例如，分配资金到 10 只股票，比分配资金到上千只股票要容易得多；其次，同类信息具有验证性，从而会增强投资者做出决策的准确性。

就公司盈余信息披露内容看，盈余信息包含三个层次的内容：第一是市场层面的信息；第二是板块层面的信息，涉及行业、地域、习惯等因素；第三是公司层面的特定信息，如公司的成本、经营能力、盈利能力等。L. Peng，W. Xiong（2006）模型化了投资者在学习过程中的注意力分配，研究了注意力分配对动态资产定价的影响。他们的研究也表明，注意力有限性导致投资者倾向于分类学习的行为，即相比公司特定信息，投资者倾向于处理更多的市场和板块层面的信息。这使得公司间股票回报的相关性高于公司基本面信息与股票回报的相关性。Huberman 和 Regev（2001），Hirshleifer，et al（2004），Hou 和 Moskowitz（2005），Hirshleifer，Lim 和 Teoh（2006），Hong，Torous 和 Valkanov（2007），Della Vigna 和 Pollet（2007，2008），Cohen 和 Frazzini（2008）等学者的研究表明，股价对公司层面的信息，如新产品信息、盈余信息、地域信息及其他公司相关信息反应不足，证实了上述观点。

事实上，当投资者面临的信息数量少时，其注意力有限性的矛盾不突出，投资者能充分分析公司层面的信息；而对于市场和板块层面的信息，由于信息数量不足，分析不充分。当信息竞争性披露增多时，投资者注意力资源有限性的矛盾加剧，其会将更多的注意力投入到处理市场和板块层面的信息上，而不是公司层面的特定信息；同时，信息竞争性披露增多，也为投资者提供了更多市场和板块层面的信息，有助于投资者更好地处理市场和板块层面的信息，使得投资者对市场和板块层面的信息反应充分。例如，已有的分析性研究表明，由于信息具有传递（Transference）和溢出（Spillover）效应，当一个企业进行信息披露时，投资者能够从包括其竞争对手在内的其他企业的信息披露中获取关于该企业的信息，从而修正自己的预期以及对企业的价值评估，因此信息竞争性披露增多能够帮助企业把握市场和板块层面的信息。此外，信息竞争性披露的增加将会导致投资者更加忽视公司层面的信息（Peng 和 W. Xiong，2006），使投资者对公司层面的信息反应不足。

股价波动是对市场、板块和公司层面信息的综合反应。大量的研究表明，在发达资本市场，公司层面的信息对股价有着重要影响（Brown 和 Kapadia，2007）。最近十几年美国资本市场上公司层面的信息对股票投资回报的风险影响越来越大（Campbell，Lettau，Malkiel 和 Xu，2001），而且这些国家股价的同步性相对较弱（Morck et al.，2000）。因此在发达资本市场上，信息竞争性披露的增加意味着投资者短期窗口内将注意力转移到市场和板块层面的信息上，而忽视了公司层面的信息，公司层面的信息又主导了股价的波动，因此可以观察到短期窗口市场反应不足，这就是Hirshleifer，Lim 和 Teoh（2009）提出的"投资者注意力分散假说"。

然而在新兴市场中，Morck et al.（2000）发现发展中国家的资本市场股价同步性要高于发达国家的资本市场。这意味着发展中国家的资本市场中生产较少的公司层面的特定信息。他们认为这种现象出现的原因是，发展中国家产权保护差，即外部投资者获得的保护弱，这使得公司层面的特定信息对套利的投资者价值不足，进而阻止了公司特定股票信息融入股价，使得市场上表现出显著的股票回报同步性。这实际上表明，在新兴市场中，公司盈余公告中市场层面、板块层面的信息对股价的影响更大。根据前面的分析，当市场和板块层面的信息在市场定价中起主导作用时，信息竞争性披露的增加意味着投资者短期窗口内将注意力转移到市场和板块层面的信息上，而忽视了公司层面的信息，而且大量的信息集中披露也提供了更多的市场和板块信息，这有助于投资者充分理解市场和板块层面的信息，因此可以观察到短期窗口市场反应充分。这里我们将其称为"投资者注意力分类聚焦假说"。

近几年，国内外学者针对我国资本市场相关问题进行了初步研究。Morck et al.（2000），Jim Myers（2006）对40个国家的研究发现，中国股价同步性程度分别位居第二位和第一位。同样，许年行、洪涛、徐信忠和吴世农（2008），秦宛顺、刘霖（2001），李增泉（2005），朱红军、何贤杰和陶林（2007）也从不同角度证明了我国资本市场同涨同跌现象的存在。其中游家兴、张俊生和江伟（2006）利用1994—2005年的数据进行了研究，结果表明，虽然随着法律制度的完善，中国资本市场股价同步性有所下降，但$\overline{R^2}$（资本市场股价同步性的衡量变量）仍然维持在3%～4%的较高水平，股票同涨同跌现象依然明显。Morck et al.（2000）的研究表明，美国、爱尔兰、加拿大、英国、澳大利亚等成熟市场不超过1%。陈志武（2005）的研究表明，1991—2005年，中国股票的周平均同向波动程度为90%，即任意一周内有90%的股票同涨同跌，而且中国股市同涨同跌的现象有加重的趋势。我国资本市场这么强的股价同步性意味着股价对公司层面特定信息的反应不足，而市场层面和板块层面的信息对股票价格的影响更大。当信息竞争性披露增多时，我们认为我国资本市场投资者注意力与信息披露数量的关系更符合"投资者注意力分类聚焦假说"。另外，Kewei Hu，Lin Peng 和 Wei Xiong（2008）的研究表明，投资者注意力在股价中扮演着双重角色，当注意力受到限制时，可能忽视一定的信息，造成股价反应不足；当注意力集中时，注意力就会和投资者的行为偏差结合起来，如过度自信，这将导致股价反应过度。基于此，我们以盈余公告的信息披露为切入点，将"投资者注意力分类聚焦假说"分解成如下两个子假说：

**假说1a：盈余公告日的超常收益对盈余信息的敏感性随着相关公告信息竞争数量的增加而增加。**

**假说1b：盈余公告后的漂移对盈余信息的敏感性随着相关公告信息竞争数量的增加而减少。**

## 8.1.2 研究设计

### 1）数据来源及样本选择

本研究的数据主要来源于 CSMAR 2007 版数据库，机构投资者的持股比例数据源于 Wind 数据库，并经计算得到。首先，我们选取 2001—2005 年沪、深两市的非金融企业上市公司，但由于我们要求样本具有 2001—2005 年连续的年报、半年报和季报的财务数据及市场交易数据，为此剔除了数据不全的样本观测值 813 个；其次，由于我们研究的是投资者对信息竞争性披露的及时和滞后反应问题，这里的信息是指投资者未预期到的信息，为此，剔除盈余公告前可能存在信息泄漏的样本；最后，剔除了盈余公告前30天累计超常收益率高于或低于正负3倍标准差的观测值，最终我们的有效样本是 14 591 个观测值。样本的选择过程具体见表8-1。

表 8-1 　　　　　　　　　　**样本筛选过程**

| 样本选择 | 样本观测值 |
|---|---|
| 2001—2005 年非金融企业全部盈余公告 | 15 879 |
| 减去： | |
| 数据不全样本观测值 | 813 |
| 信息可能泄漏的样本观测值 | 115 |
| 最终观测值（公司年度） | 14 951 |

## 2）研究设计

### （1）未预期盈余的衡量

我们采用随机游走模型来估计未预期盈余①。根据随机游走模型，本期预计每股收益 E（$EPS_{i,t}$）等于上期的每股收益，即 $EPS_{i,t-1}$，因此未预期盈余可以表示为：

$$SUE_{it} = （EPS_{i,t} - EPS_{i,t-1}）/P \tag{8-1}$$

其中：P 是上一季度末该股票的收盘价。

### （2）累计超常收益率的计算

关于累计超常收益率的计算方法有如下三种：风险调整后的非正常报酬率、均值调整后的非正常报酬率和市场调整后的非正常报酬率。陈汉文、陈向民（2002）和孙铮、李增泉（2003）等国内学者的研究表明，使用市场调整后的非正常报酬率计算超常收益率更适合中国，因此本研究遵循此法计算非正常报酬率。在市场调整法下，累计超常收益率等于某只股票在某个时期的实际收益率 $R_{it}$ 减去相应时期市场组合的实际报酬率。该模型假定公司间的事前预期收益是相等的，计算公式为：

$$AR_{it} = R_{it} - R_{mt} \tag{8-2}$$

其中：$R_{mt}$ 表示市场组合在 t 日的收益率，股票 i 在时间［T1，

---

① Foster，Olsen 和 Shevlin（1994）曾经检验了各种不同盈余预期模型，用这些模型计算出未预期盈余来解释盈余公告后股票收益的波动，发现通过随机游走模型所得出的未预期盈余的解释能力并不比其他复杂的盈余预期模型逊色。

T2] 的累计超常收益率可表示为:

$$CAR_{i,\ [T1,\ T2]} = \sum_{t=T1}^{T2} AR_{i,\ t} \tag{8-3}$$

3) 模型设定及变量说明

为检验假说1a和假说1b,我们设定如下模型:

$$CAR_{it} = \alpha_0 + \alpha_1 FE_{it} + \alpha_2 NRANK_{it} + \alpha_3 (FE_{it} * NRANK_{it}) + \sum_{i=1}^{n} c_{it} X_{it} +$$

$$\sum_{i=1}^{n} b_{it} (FE_{it} * X_{it}) + \varepsilon_{it} \tag{8-4}$$

其中:

CAR:累计超常收益率。我们计算了2天窗口的累计超常收益率(CAR [0,1]),3天窗口的累计超常收益率(CAR [-1,1]),盈余公告前30天(CAR [-30,-1])以及公告后30天(CAR [2,31])窗口的累计超常收益率,以分别衡量盈余公告时和公告后的滞后市场反应。

FE:未预期盈余,为消除极端值的影响,我们对标准化后的未预期盈余进行排序并分成十等份。

NRANK:同一天公告盈余信息的公司数量。我们按盈余公告日同时发布公告的公司数目进行排序并分成十等份。

X:其他控制变量,具体定义如下:

此外,我们还控制了年份、行业以及周内的公告时间。我们控制BM、LAG,是因为过去的(Bernard 和 Thomas,1989;Chambers 和 Penman,1984;Della Vigna 和 Pollet,2006)研究表明,投资者对盈余信息的反应受账面市值比率、报告滞后期的影响。在对模型8-4的回归中,我们分别考察了盈余公告日两天窗口(CAR [0,1])以及盈余公告后30天窗口(CAR [2,31])的市场反应。为了进一步分析竞争性信息对不同类型信息(好消息和坏消息)市场敏感性影响的差异,我们仅保留了信息竞争性披露极端组(NRANK1 和 NRANK10)以及盈余信息极端组(FE1 和 FE10),以扩大竞争性信息的效应和未预期盈余信息类型的效应，并设定如下模型检验：

$$CAR_{it} = \alpha_0 + \alpha_1 FEext_{it} + \alpha_2 NRANKext_{it} + \alpha_3 ( FEext_{it} * NRANKext_{it} ) + \varepsilon_{it} \qquad (8-5)$$

其中：

CAR：分别为 [0，1] 2 天窗口和 [2，31] 30 天窗口的累计超常收益率。

$FEext_{it}$：哑变量，当样本属于极端好消息组时取值为 1，当样本属于极端坏消息组时取值为 0。

$NRANKext_{it}$：哑变量，当样本属于极端多信息组时取 1，否则取 0。

在模型 8-5 中，$\alpha_0$ 表示极端坏消息在少信息日公布时即时或滞后的市场反应，（$\alpha_0 + \alpha_2$）表示极端坏消息在多信息日公布时即时或滞后的市场反应，故 $\alpha_2$ 表示极端坏消息在多信息日公布和少信息日公布时即时或滞后的市场反应的差异；（$\alpha_0 + \alpha_1$）表示极端好消息在少信息日公布时即时或滞后的市场反应，（$\alpha_0 + \alpha_1 + \alpha_2 + \alpha_3$）表示极端好消息在多信息日公布时即时或滞后的市场反应，故（$\alpha_2 + \alpha_3$）表示极端好消息在多信息日公布和少信息日公布时即时或滞后的市场反应的差异；$\alpha_3$ 表示好消息组和坏消息组在多信息日与少信息日的市场反应差异。

另外，为了控制盈余公告日期不准确造成的误差，我们还对盈余公告日前后一天的窗口（CAR [-1，1]）进行了回归；为了控制盈余公告前信息泄漏，我们还对盈余公告前 30 天的窗口（CAR [-30，-1]）进行了回归，观察 FE 与 NRANK 交乘项系数的显著性。

同时，为了突出竞争性信息数量对投资者行为的影响，我们仅保留了未预期盈余的极端组 FE1 和 FE10，并且以数量极端少组为基准，考察多窗口下盈余信息极端组的市场反应受信息竞争性披露的影响程度。具体模型设定如下：

$$CAR_{it} = \alpha_0 + \alpha_1 FE10_{it} + \alpha_2 NRANK_{it} + \alpha_3 ( FE10_{it} * NRANK_{it} ) + \sum_{i=1}^{n} c_{it} X_{it} +$$

$$\sum_{i=1}^{n} b_{it} ( FE10_{it} * X_{it} ) + \varepsilon_{it} \qquad (8-6)$$

其中：FE10 表示哑变量，如果是极端的信息多组（第 10 组），取值为 1，否则取值为 0；其他变量定义如模型 8-4。

### 8.1.3 实证检验及结果分析

#### 1）单变量分析

表 8-2 对季节性盈余公告的日公告数量进行了描述性统计。统计结果表明，季度盈余公告中日公告数的均值是 78.36，中位数是 63，呈现正偏分布。公告数量在不同分位上的分布差异较大，这说明每日盈余公告的数量存在较大的波动性。在 10% 分位数上，平均每日公告的数量是 15 家，而在 90% 分位数上，平均每日公告的数量是 157 家。每周内盈余公告主要分布在周二到周六，而以周一公告的最少，平均约为 66 家，周六平均约为 90 家。在国外的相关研究中，盈余公告一般集中在周二至周四，周五最少（如 Damodaran，1989；Della Vigna 和 Pollet，2005a），而我国却是周末最多。按月统计，我们发现我国的盈余公告主要集中在 4 月和 10 月，集中在 4 月主要是因为 4 月既有年报披露，又有季报披露，而集中在 10 月主要是因为第三季度季报的披露截至期限为 10 月①。另外，5 月、6 月、9 月、11 月、12 月披露的数量为 0，这主要由我国对季报法定披露时间的要求所致。按季度统计，我们发现，第二季度和第四季度每日同时披露公告的公司数目最多。按年统计中，我们发现除 2002 年和 2006 年外，其余年份每日同时披露公告的公司数目大体相同，约为 85 家。2002 年的数据较少是因为 2001 年的盈余公告中只有年报和半年报；而 2006 年的数据较少是因为 2006 年只包括 2005 年的年报。

---

① 主要是因为证监会要求年报要在次年 4 月底前公告，而半年报要在 8 月底前披露，而且根据均衡披露的要求，上证所原则上每日安排不超过 50 家上市公司披露半年报，深市主板每日原则上最多安排 30 家。对于年报，上证所每日最多安排 45 家上市公司公布年报，深交所每日最多安排 25 家上市公司公布年报。

表8-2　　　　　　　　每日盈余公告数目的描述性统计

Panel A: 日盈余公告数量分布

| 均值 | 方差 | P10 | P25 | Median | P75 | P90 |
|------|------|-----|-----|--------|-----|-----|
| 78.36 | 55.12 | 15 | 32 | 63 | 129 | 157 |

Panel B: 周公告数目

| | Monday | Tuesday | Wednesday | Thursday | Friday | Saturday |
|------|--------|---------|-----------|----------|--------|----------|
| 均值 | 65.86 | 76.21 | 72.37 | 73.36 | 81.9 | 89.93 |
| 中位数 | 81 | 51 | 67 | 58 | 68 | 69 |

Panel C: 月公告数目

| | Jan | Feb | Mar | Apr | May | Jun | Jul | Aug | Sep | Oct | Nov | Dec |
|------|-----|-----|-----|-----|-----|-----|-----|-----|-----|-----|-----|-----|
| 均值 | 7.15 | 16.96 | 26.31 | 110.6 | 0 | 0 | 22.29 | 49.76 | 0 | 114.38 | 0 | 0 |
| 中位数 | 6 | 13 | 26 | 119 | 0 | 0 | 24 | 55 | 0 | 129 | 0 | 0 |

Panel D: 季度公告数目

| | Quarter1 | Quarter2 | Quarter3 | Quarter4 |
|------|----------|----------|----------|----------|
| 均值 | 23.63 | 110.6 | 45.35 | 114.38 |
| 中位数 | 24 | 119 | 48 | 129 |

Panel E: 年公告数目

| | 2002 | 2003 | 2004 | 2005 | 2006 |
|------|------|------|------|------|------|
| 均值 | 36.47 | 86.29 | 84.67 | 85.85 | 68.4 |
| 中位数 | 34 | 79 | 72 | 75 | 33 |

注：2002—2006 年公告的分别为上一年的盈余信息。按照我国的信息披露原则，年报披露的截至期限为次年的 4 月底；半年报的截止期限为法定公告日后的 60 天；季报的截止期限为季度结束后的 1 个月内。

从上述的描述性统计中我们可以发现，我国上市公司在选择披露的时间时，一般倾向于在法定截止日前集中披露；在具体的时间选择上，愿意选择周末披露或非交易日披露。

表8-3 为公司特征与盈余公告数量之间的关系。我们将公告数目排序并分成 10 等份后，分析了每一等份中企业规模和账面/市值的均值，试图发现选择不同披露策略的企业是否存在特征差异。从表8-3 中可以看出，选择集中披露（以下简称多信息日披露）的公司的规模要大于非集中披露（以下简称少信息日披露）公司的规模，并且统计上在 1% 的水平显著（P<0.001）；而多信息日披露的公司的账面市值比要比少信息日披露的公司的账面市值比低，统计上在 5% 的水平显著（P<0.05）。另外，规模和账面市值

比在整个盈余公告数量的排序中并不是单调的，规模在第九分位达到最大，而账面市值比在第五分位达到最大，而后单调递减。这一结果说明规模和账面市值比是影响企业信息披露时点选择的因素之一。

表8-3 公司特征与公告中相关信息数量

| 分位数 | Size | BM | FE | LAG | INSTI |
|---|---|---|---|---|---|
| 1 | 21.226 | 0.334 | −0.02% | 44.43 | 6.58% |
| 2 | 21.374 | 0.376 | −0.02% | 52.54 | 5.37% |
| 3 | 21.374 | 0.383 | −0.16% | 58.8 | 5.04% |
| 4 | 21.371 | 0.401 | −0.09% | 55.88 | 5.01% |
| 5 | 21.376 | 0.403 | −0.21% | 46.48 | 4.22% |
| 6 | 21.41 | 0.394 | −0.12% | 47.67 | 4.13% |
| 7 | 21.45 | 0.393 | −0.17% | 48.74 | 3.72% |
| 8 | 21.444 | 0.379 | −0.19% | 46.58 | 3.79% |
| 9 | 21.554 | 0.373 | −0.26% | 46.4 | 3.76% |
| 10 | 21.464 | 0.308 | −0.28% | 48.33 | 3.19% |
| Difference（10−1） | 0.23 *** | −0.026 ** | −0.26% | 4 | −3.40% |
| P−value | <0.001 | 0.05 | 0.09 | <0.001 | <0.001 |

从表8-4对相关系数的分析中我们可以看出，盈余公告日 CAR［−1, 1］，CAR［0, 1］与未预期盈余 FE 正相关，且统计上显著；CAR［−1, 1］，CAR［0, 1］与未预期盈余 FE 和公告数量 NRANK 的交乘项正相关，说明集中信息披露可以提高市场对未预期盈余的反应程度，为投资者知觉负载假说提供了初步证据。

表 8-4　　主要变量相关系数表

| | | (1) | (2) | (3) | (4) | (5) | (6) | (7) | (8) | (9) | (10) | (11) |
|---|---|---|---|---|---|---|---|---|---|---|---|---|
| CAR[0,1] | (1) | 1 | | | | | | | | | | |
| CAR[−1,1] | (2) | 0.86*** | 1 | | | | | | | | | |
| CAR[2,31] | (3) | 0.002 | −0.0003 | 1 | | | | | | | | |
| CAR[−31,−1] | (4) | 0.014* | 0.11*** | −0.093*** | 1 | | | | | | | |
| FE | (5) | 0.12*** | 0.15*** | −0.013 | 0.201*** | 1 | | | | | | |
| NRANK | (6) | −0.007 | −0.015* | −0.02** | −0.079*** | −0.08*** | 1 | | | | | |
| FE∗NRANK | (7) | 0.089*** | 0.11*** | −0.0318*** | 0.087*** | 0.63*** | 0.63*** | 1 | | | | |
| SIZE | (8) | 0.062*** | 0.08*** | −0.027 | 0.15*** | 0.07*** | −0.022 | 0.037*** | 1 | | | |
| BM | (9) | 0.0017 | 0.014* | 0.053*** | 0.05*** | −0.03*** | −0.006 | −0.027 | 0.093*** | 1 | | |
| INSTI | (10) | 0.09*** | 0.11*** | 0.048*** | 0.24*** | 0.15*** | −0.08*** | 0.039*** | 0.38*** | −0.015* | 1 | |
| LAG | (11) | −0.032*** | −0.037*** | 0.058*** | −0.048*** | −0.059*** | −0.057*** | −0.079*** | 0.0046 | 0.0008 | −0.05*** | 1 |

*、**、***分别表示在10%、5%、1%的显著性水平上显著

144

续表

| | (1) | (2) | (3) | (4) | (5) | (6) | (7) | (8) | (9) | (10) | (11) |
|---|---|---|---|---|---|---|---|---|---|---|---|
| CAR[0,1] (1) | 1 | | | | | | | | | | |
| CAR[-1,1] (2) | 0.79*** | 1 | | | | | | | | | |
| CAR[2,31] (3) | -0.028*** | -0.03** | 1 | | | | | | | | |
| CAR[-31,-1] (4) | -0.001 | 0.1* | -0.13*** | 1 | | | | | | | |
| FE (5) | 0.13*** | 0.16*** | -0.029*** | 0.19*** | 1 | | | | | | |
| NRANK (6) | 0.003 | -0.009 | 0.004 | -0.079*** | -0.08*** | 1 | | | | | |
| FE*NRANK (7) | 0.1*** | 0.1154*** | -0.017** | 0.077*** | 0.63*** | 0.65*** | 1 | | | | |
| SIZE (8) | 0.07*** | 0.08*** | -0.03*** | 0.15*** | 0.07*** | -0.022*** | 0.037*** | 1 | | | |
| BM (9) | 0.01 | 0.02* | 0.05*** | 0.05*** | -0.03** | -0.006 | -0.01 | 0.093*** | 1 | | |
| INSTI (10) | 0.1*** | 0.12*** | 0.02* | 0.22*** | 0.12*** | -0.08*** | 0.039*** | 0.52*** | 0.18*** | 1 | |
| LAG (11) | -0.059*** | -0.05** | 0.02** | -0.05*** | -0.06*** | -0.026*** | -0.056*** | 0.012 | 0.0008 | -0.03*** | 1 |

**, *** 分别表示在5%和1%的显著性水平上显著

145

表 8-5 比较了不同盈余公告数量分组中极端盈余信息组 2 天和 30 天窗口的累计超常收益率的差异。每个季度我们分别针对盈余公告的数量和未预期盈余的大小进行排序，并各自分成 10 组，最终形成 100（10×10）个组合，然后我们以盈余公告数量所分的 10 组为基准，分别就盈余公告日 2 天［0，1］窗口和 30 天［2，31］窗口计算每组中极端好消息组 FE10 和极端坏消息组 FE1 的累计超常收益率，以及这两个极端组累计超常收益率的差值。FE10 和 FE1 累计超常收益率的差值（FE10-FE1）代表了股价对盈余信息的反应，差值越大，代表投资者对盈余信息反应越强烈。盈余公告后（FE10-FE1）的差异代表盈余公告后的漂移程度，差异越大代表漂移程度越大。结果表明，在［0，1］的 2 天窗口里，随着信息竞争性披露数量的增加，市场对极端好消息与极端坏消息反应的差异逐渐增大。这一结果说明市场对盈余信息的反应随着信息竞争性披露数量的上升而增强，初步验证了假说 1a。进一步，我们发现，好消息选择在多信息日公布比在少信息日公布会带来 1.2% 的超常收益，并且这一差异在 5% 的水平上显著；而坏消息在多信息日公布的市场反应比在少信息日公布低 3.2%，但这一差异统计上不显著。上述结果说明公司选择与众多企业一起公布信息时，如果披露的是利好信息，那么会放大对好消息的市场反应；如果披露的是利差信息，那么选择在多信息日公布和在少信息日公布市场反应差异不大，即企业并不能通过选择信息披露时点来隐藏坏消息。由此可以推断出，财务报告为利差信息的公司试图通过与众多公司一起披露信息，从而达到分散投资者注意力的目的在我国资本市场中并未达到，投资者能够适当分配其注意力，甄选出利差消息并及时做出反应。而财务报告为利好信息的公司如果选择与众多公司一起披露信息，会带来较大的市场反应，这些都初步验证了假说 1a。另外，对于盈余公告后的［2，31］窗口期间，我们可以发现随着信息竞争性

披露数量的上升，（FE10-FE1）的差值在下降，说明盈余公告后的漂移程度随着信息竞争性披露数量的上升而下降，其中，信息竞争性披露最小的一组（NRANK1）盈余公告后的漂移最大，说明在盈余公告日反应不充分，在盈余公告后开始逐渐反应；而信息竞争性披露最大的一组（NRANK10）盈余公告后的漂移最小，说明在盈余公告日反应相对充分，所以盈余公告后的漂移相对较小。

表8-5　　　　相关信息数量组中极端分位
未预期盈余的累计超常收益率对比

| RELATE | CAR [0, 1] | | | CAR [2, 31] | | |
|---|---|---|---|---|---|---|
| | FE1 | FE10 | FE10-FE1 | FE1 | FE10 | FE10-FE1 |
| 1 | -0.014 | 0.013 | 0.027 *** | -0.016 | 0.02 | 0.036 *** |
| 2 | -0.012 | -0.0004 | 0.02 *** | -0.014 | 0.005 | 0.019 *** |
| 3 | -0.012 | 0.018 | 0.03 *** | -0.014 | 0.018 | 0.032 *** |
| 4 | -0.02 | 0.012 | 0.033 *** | -0.02 | 0.018 | 0.04 *** |
| 5 | -0.023 | 0.015 | 0.039 *** | -0.024 | 0.016 | 0.04 *** |
| 6 | -0.015 | 0.012 | 0.028 *** | -0.017 | 0.013 | 0.031 *** |
| 7 | -0.012 | 0.018 | 0.03 *** | -0.014 | 0.02 | 0.035 *** |
| 8 | -0.019 | 0.01 | 0.03 *** | -0.025 | 0.006 | 0.031 *** |
| 9 | -0.018 | 0.015 | 0.034 *** | -0.021 | 0.02 | 0.041 *** |
| 10 | -0.02 | 0.021 | 0.042 *** | -0.025 | 0.024 | 0.049 *** |
| Difference (10-1) | -0.006 *** | 0.008 *** | 0.015 *** | -0.009 *** | 0.004 *** | 0.013 *** |

FE1：1分位的未预期盈余；FE10：10分位的未预期盈余。*** 表示在1%的显著性水平上显著

在表8-6中，我们按每季度盈余公告数量排序分组，分别描述了极端盈余信息（FE1 和 FE10）在各组中的分布情况。从 Panel A 中我们可以看出，197 个坏消息样本观测点（约占全部坏消息样本观测点的17.1%）分布在信息竞争性披露数量最多的组（NRANK10），而 66 个坏消息样本观测点（约占全部坏消息样本观测点的5.7%）分布在信息竞争性披露数量最少的一组（NRANK1）；126 个好消息样本观测点（约占全部好消息样本观测点的11.8%）分布在信息竞争性披露数量最多的组（NRANK10），而 99 个好消息样本观测点（约占全部好消息样本观测点的9.28%）分布在信息竞争性披露数量最少的一组（NRANK1）。由此可以看出，具有坏消息的公司更愿意与其他公司一起披露，而具有好消息的公司在各组中的分布相对均匀，结合 Panel B，我们发现在信息竞争性披露极端组中（NRANK1 和 NRANK10），极端坏消息 FE1 和极端好消息 FE10 的均值没有显著差异。这说明在按信息竞争性披露数量分组时，极端盈余信息的市场反应变化不是由未预期盈余信息的大小引起的，而是与未预期盈余信息数量的多少有关。这又从另一个角度证明了假说 1a。

图8-1 和图8-2 则提供了进一步的直观证据，好消息在多信息日公布的市场反应显著大于少信息日，而坏消息在多信息日公布与在少信息日公布市场反应差异很小；而在盈余公告后 30 天的窗口里，少信息日的漂移比多信息日大，特别是在少信息日公布好消息的 30 天累计市场反应要高于多信息日的市场反应；而少信息日公布坏消息的 30 天累计市场反应要低于多信息日的市场反应。这初步验证了假说 1b。

148

表 8-6 极端盈余信息在各组的分布及均值

Panel A：极端盈余信息数量在各组的分布

| NRANK | 1 | 2 | 3 | 4 | 5 | 6 | 7 | 8 | 9 | 10 | Total |
|---|---|---|---|---|---|---|---|---|---|---|---|
| FE1 | 66 | 65 | 68 | 97 | 115 | 92 | 148 | 145 | 163 | 197 | 1 156 |
| Horizon | 5.70% | 5.61% | 5.87% | 8.38% | 9.93% | 8.03% | 12.78% | 12.52% | 14.08% | 17.10% | |
| Vertical | 40% | 38.24% | 44.74% | 50.26% | 52.04% | 46.27% | 55.85% | 59.43% | 56.21% | 61.11% | |
| FE10 | 99 | 105 | 84 | 96 | 106 | 108 | 117 | 99 | 127 | 126 | 1 067 |
| Horizon | 9.28% | 9.84% | 7.87% | 9% | 9.93% | 10.12% | 10.97% | 9.28% | 11.90% | 11.80% | |
| Vertical | 60% | 61.76% | 55.26% | 49.74% | 47.96% | 53.73% | 44.15% | 40.57% | 43.79% | 38.80% | |
| Total | 165 | 170 | 152 | 193 | 221 | 201 | 265 | 244 | 290 | 324 | 2 225 |

Panel B：极端盈余信息数量在各组的均值

| NRANK | 1 | 2 | 3 | 4 | 5 | 6 | 7 | 8 | 9 | 10 | Difference (10−1) |
|---|---|---|---|---|---|---|---|---|---|---|---|
| FE1 | −0.041 | −0.019 | −0.031 | −0.019 | −0.025 | −0.018 | −0.022 | −0.016 | −0.025 | −0.031 | 0.01 |
| FE10 | 0.03 | 0.02 | 0.011 | 0.018 | 0.009 | 0.009 | 0.014 | 0.008 | 0.009 | 0.019 | −0.01 |

FE1 代表坏消息组；FE10 代表好消息组；NRANK 为按每季度中盈余公告数量排序分组后的组别。Horizon：横向占比；Vertical：纵向占比

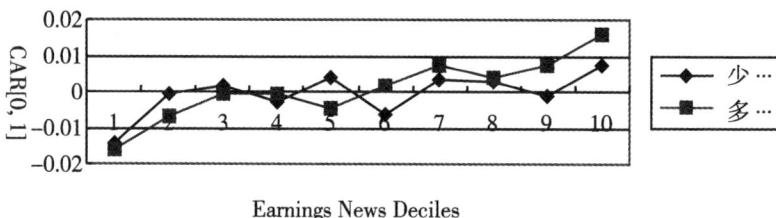

**图 8-1　市场对盈余信息的反应 CAR [0，1]**

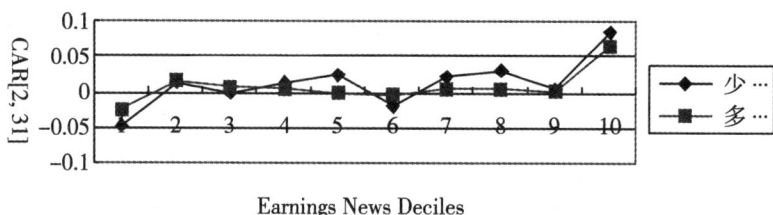

**图 8-2　市场对盈余信息的反应 CAR [2，31]**

## 2）多元回归分析

为了控制其他可能影响投资者反应的因素，我们进行了多元回归。我们首先对模型 8-4 进行了全样本回归，回归结果分别见表 8-7 和表 8-8。在投资者知觉负载假说下，我们预期盈余公告日的市场回报与未预期盈余之间的敏感性随竞争性盈余公告数量的增加而增强，即 $\alpha_3 > 0$；而盈余公告后的漂移程度与未预期盈余之间的敏感性则随竞争性盈余公告数量的增加而降低，即 $\alpha_3 < 0$。表 8-7 描述了盈余公告日 2 天窗口内（CAR [0，1]）股票价格对盈余反应的敏感性。遵循前人的研究，为了降低未预期盈余极端值的影响以及解决绝对数的未预期盈余引起的多重共线问题，我们采用了未预期盈余的分位数。同时，我们还控制了企业规模（SIZE）、账面市值比（BM）和机构投资者持股比例（INSTI）的影响。从表 8-7 栏 1～栏 4 的回归可以看出，盈余公告时（CAR [0，1]），FE * NRANK 的系数显著为正，且在 1% 的水平上显

著，说明随着当日公告信息的增加，投资者的市场反应逐渐增强，信息数量每增加一个分位，市场反应平均提高 0.02%。FE 的系数为 0.0006，统计上不显著。这就暗示了盈余在多信息日（NRANK = 10）的市场反应要比在少信息日的市场反应高出 0.18%（NRANK = 10 的敏感系数等于 0+（0.0002×10）= 0.002；NRANK = 1 的敏感系数等于 0+（0.0002×1）= 0.0002）。这一结果验证了我们提出的投资者知觉负载假说。在控制变量方面，除 BM 外，其他控制变量均与预期保持一致，并且显著。为了进一步检验投资者知觉负载能力是否会受到公司规模、成长性以及机构投资者持股比例的影响，我们在回归（2）～回归（4）中分别加入 FE * NRANK * SIZE、FE * NRANK * BM 和 FE * NRANK * INSTI，但只有 FE * NRANK * INSTI 在 10% 的水平上显著为正，说明机构投资者持股比例对投资者的知觉负载能力有影响，机构投资者持股比例高的企业在多信息日公告时，股价对盈余信息的反应更充分。

在表 8-8 盈余公告后 30 天的窗口里（CAR [2, 31]），回归（1）中交乘项的系数（FE * NRANK）是 −0.0002，且在 5% 的水平上显著，这表明盈余公告后的漂移程度随竞争性盈余信息数量的增加而降低，盈余公告后的漂移程度在多信息日要比在少信息日下降 0.18%（NRANK = 10 的敏感系数等于 0+（−0.0002×10）= −0.002；NRANK = 1 的敏感系数等于 0+（−0.0002×1）= −0.0002）。这一结果验证了假说 1b。在控制变量方面，BM 显著为正，代表机构投资者持股的 INSTI 不显著。同理，在表 8-8 的回归（2）～回归（3）中，为了进一步检验公司规模、成长性以及机构投资者持股比例对投资者知觉负载能力的影响，我们分别加入了 FE * NRANK * SIZE、FE * NRANK * BM 和 FE * NRANK * INSTI。我们同样发现，只有 FE * NRANK * INSTI 的系数 −0.0032 在统计上显著，说明由于机构投资者持股比例高的企业在多信息日公布盈余公告时已充分将信息反映在股价中，故盈余公告后的漂移减少。

表8-7　　盈余公告日 CAR[0,1]信息竞争性披露对未预期盈余市场敏感性的影响

| VARIABLE | (1) Coef. | (1) T Value | (2) Coef. | (2) T Value | (3) Coef. | (3) T Value | (4) Coef. | (4) T Value |
|---|---|---|---|---|---|---|---|---|
| CONSTANT | -0.0028 | -0.55 | -0.0029 | -0.56 | -0.0028 | -0.55 | -0.003 | -0.58 |
| FE | 0.0006 | 1.48 | 0.0008 | 1.67* | 0.0006 | 1.32 | 0.0078 | 1.72* |
| NRANK | -0.0012 | -4.7*** | -0.0012 | -4.68*** | -0.0012 | -4.69*** | -0.0012 | -4.52*** |
| FE*NRANK | 0.0002 | 4.86*** | 0.0017 | 3.05*** | 0.00021 | 3.57*** | 0.00018 | 4.13*** |
| SIZE | 0.001 | 4.05*** | 0.0011 | 4.03*** | 0.0011 | 4.05*** | 0.0011 | 4.08*** |
| FE*SIZE | -0.00013 | -2.81*** | -0.00015 | -2.78*** | -0.0001 | -2.81*** | -0.00013 | -2.86*** |
| BM | -0.0001 | -0.4 | -0.0001 | -0.42 | -0.0001 | -0.42 | -0.0001 | -0.42 |
| FE*BM | 0.00003 | 0.74 | 0.0003 | 0.74 | 0.00035 | 0.66 | 0.00003 | 0.74 |
| LAG | -0.00005 | -1.83* | -0.00005 | -1.83* | -0.00005 | -1.83* | 9.82E-06 | 2.19** |
| FE*LAG | 9.68E-06 | 2.16** | 9.68E-06 | 2.16** | 9.68E-06 | 2.16** | -0.00001 | -2.06** |
| INSTI | 0.036 | 3.64*** | 0.036 | 3.64*** | 0.036 | 3.64*** | 0.035 | 3.59*** |
| FE*INSTI | -0.0007 | -0.5 | -0.0006 | -0.49 | -0.0007 | -0.5 | -0.0019 | -1.25 |
| FE*NRANK*SIZE | | | 4.79E-06 | 0.77 | | | | |
| FE*NRANK*BM | | | | | -8.01E-07 | -0.12 | | |
| FE*NRANK*INSTI | | | | | | | 0.00026 | 1.7* |
| Year | YES | | YES | | YES | | YES | |
| Obs | 14 951 | | 14 951 | | 14 951 | | 14 951 | |
| Adj. R²(%) | 2.67 | | 2.67 | | 2.67 | | 2.69 | |
| F | 15.68*** | | 15.22*** | | 15.18*** | | 15.33*** | |

括号内的数字为 White(1980)异方差调整后的T值，*，**，*** 分别表示在10%，5%，1%的显著性水平上显著

表8-8 盈余公告后CAR[2,31]信息竞争性披露对未预期盈余市场敏感性的影响

| VARIABLE | (1) Coef. | (1) T Value | (2) Coef. | (2) T Value | (3) Coef. | (3) T Value | (4) Coef. | (4) T Value |
|---|---|---|---|---|---|---|---|---|
| INTERCEPT | -0.0415 | -3.74*** | -0.048 | -4.21*** | -0.048 | -4.22*** | -0.047 | -4.11*** |
| FE | 0.00045 | 0.36 | 0.0013 | 0.84 | 0.0014 | 0.88 | 0.0002 | 0.19 |
| NRANK | 0.002 | 2.71*** | 0.003 | 3.73*** | 0.003 | 3.76*** | 0.0026 | 3.19*** |
| FE*NRANK | -0.0002 | -2.39** | -0.004 | -2.28** | -0.0004 | -2.42** | -0.0002 | -1.7* |
| SIZE | -0.0019 | -2.5** | -0.0019 | -2.49** | -0.002 | -2.5** | -0.002 | -2.62*** |
| FE*SIZE | -0.00009 | -0.74 | -0.00005 | -0.29 | -0.00009 | -0.73 | -0.0006 | -0.53 |
| BM | 0.002 | 2.7*** | 0.002 | 2.7*** | 0.002 | 2.74*** | 0.002 | 2.7*** |
| FE*BM | 0.0006 | 0.52 | 0.0006 | 0.51 | 0.0014 | 0.76 | 0.0006 | 0.05 |
| LAG | -0.00016 | -2.01** | -0.0001 | -1.98** | -0.00016 | -1.97* | -0.0015 | -1.86* |
| FE*LAG | 0.00001 | 0.82 | 0.0001 | 0.83 | 1.00e-05 | 0.8 | 8.26e-06 | 0.65 |
| INSTI | 0.057 | 1.2 | 0.059 | 1.26 | 0.059 | 1.26 | 0.06 | 1.37 |
| FE*INSTI | 0.0026 | 0.38 | 0.002 | 0.3 | 0.002 | 0.33 | 0.017 | 1.9* |
| FE*NRANK*SIZE | | | -7.35e-06 | -0.31 | | | | |
| FE*NRANK*BM | | | | | -7.90e-06 | -0.37 | | |
| FE*NRANK*INSTI | | | | | | | -0.0032 | -3.27*** |
| Year | YES | | YES | | YES | | YES | |
| Obs | 14 951 | | 14 951 | | 14 951 | | 14 951 | |
| Adj. R²(%) | 2.8 | | 2.9 | | 2.9 | | 3.29 | |
| F | 7.68*** | | 7.65*** | | 7.77*** | | 7.92*** | |

括号内的数字为White(1980)异方差调整后的T值; *、**、***分别表示在10%、5%、1%的显著性水平上显著

### 3）进一步分析

为了进一步分析竞争性信息对不同类型信息（好消息和坏消息）市场敏感性影响的差异，我们仅保留极端竞争性信息组和极端未预期盈余组，即在同一日公告盈余数量最多的组和最少的组以及未预期盈余最高和最低的组，对模型 8-5 进行回归，回归结果见表 8-9。在 [0，1] 2 天窗口，我们发现 NRANKext 的系数（$\alpha_2$）为-0.003，但统计上不显著，表示极端坏消息在多信息日公布与在少信息日公布市场反应差异不大。这一结果说明一些企业希望通过在其他公司披露盈余信息的时候披露极端坏消息，以期减少市场反应的目的并未达到，我国的资本市场能够相对及时地消化企业的信息。而（$\alpha_2+\alpha_3$）的系数为 0.012 且在 5% 的水平上显著，表示极端好消息在多信息日公布比在少信息日公布会产生更大的市场反应，这也说明企业选择在众多公司披露盈余信息时披露极端好消息，会扩大其市场反应。同样，在 [2，31] 30 天窗口，我们发现 NRANKext 的系数（$\alpha_2$）为正的 0.024，但统计上不显著，说明极端坏消息在多信息日公布与在少信息日公布相比，公告后产生的漂移大小没有差异。而（$\alpha_2+\alpha_3$）的系数为-0.016，且在 10% 的水平上显著，表明极端好消息选择在多信息日公布比在少信息公布，会产生更小的公告后漂移。

为了防止信息泄漏、公告日期的准确性以及窗口期的长短等对结果的影响，我们又对 CAR [-30，0]，CAR [-1，1]，CAR [2，60] 等多个窗口期间进行了检验，回归结果见表 8-10。选择公告日前 30 天的窗口期是因为过多的信息泄漏可能会造成市场对盈余公告信息反应异常。然而，回归结果显示，FE * NRANK 的系数并不显著，说明信息泄漏的程度对我们的结果并未产生影响。选择 CAR [-1，1] 是为了减少盈余公告日数据偏误造成的结果偏差，我们通过选择前后各一天的窗口重新进行回归，依然可以看到在盈余公告日附近，多信息日组对盈余信息表现出较强的市场反

表 8-9        **信息竞争性披露对未预期盈余**
**市场敏感性的影响——极端组分析**

| 自变量 | 符号 | CAR [0, 1] 系数 | T 值 | 符号 | CAR [2, 31] 系数 | T 值 |
|---|---|---|---|---|---|---|
| INTERCEPT |  | -0. 016 *** | -3. 5 |  | 0. 006 | 0. 5 |
| FEext | + | 0. 023 *** | 4. 04 | - | -0. 009 | -0. 59 |
| NRANKext | - | -0. 003 | -0. 56 | + | 0. 024 | 1. 60 |
| FEext * NRANKext | + | 0. 015 * | 1. 97 | - | -0. 04 * | -2. 03 |
| Adj. $R^2$ （% ) |  | 13. 84 |  |  | 4 |  |
| F 值 |  | 24. 52 *** |  |  | 6. 58 *** |  |
| 观测值（N） |  | 488 |  |  | 488 |  |

括号内的数字为 White（1980）异方差调整后的 T 值；* 、*** 分别表示在 10% 、1%
的显著性水平上显著

应，FE * NRANK 的系数是 0. 00026，且在 1% 的水平上显著，进一
步支持了本研究的假说。另外，我们选择 CAR [2, 31] 是由于我
国盈余公告后的漂移期间通常为 30 天（于李胜，2007），根据 Ball
和 Brown （1968） 的研究，我们又选择了 CAR [2, 60] 来检验公
告后的市场反应，可以看出在 60 天的窗口里多信息日对盈余的市
场反应的影响逐渐消逝。另外，表 8-10 还显示了在极端未预期盈
余信息组中盈余信息竞争程度对市场反应的影响。我们发现在盈余
公告日 2 天的窗口里，FE10 * NRANK 的系数显著为正，说明对于
好消息，随着信息竞争性披露数量的增加，投资者市场反应增强，
进一步印证了表 8-9 的回归结果。

表 8－10－A　　信息竞争性披露对未预期盈余市场敏感性的影响——多窗口分析

| VARIABLE | CAR[0,1] Coef. | T Value | CAR[-30,0] Coef. | T Value | CAR[-1,1] Coef. | T Value | CAR[2,60] Coef. | T Value |
|---|---|---|---|---|---|---|---|---|
| INTERCEPT | -0.006 | -0.9 | -0.023 | -1.83 * | -0.0064 | -1.15 | -0.024 | -1.26 |
| FE | 0.0029 | 0.71 | 0.0069 | 5.93 *** | 0.001 | 2.6 *** | 0.002 | 1.37 |
| FE10 | | | | | | | | |
| NRANK | -0.0005 | -1.88 * | -0.0028 | -4.26 *** | -0.0017 | -5.66 *** | -0.0006 | -0.62 |
| FE * NRANK | 0.0017 | 4.59 *** | 0.0016 | 1.59 | 0.00026 | 5.55 *** | 0.0001 | 0.66 |
| FE10 * NRANK | | | | | | | | |
| SIZE | 0.001 | 3.67 *** | 0.0027 | 3.95 *** | 0.0016 | 5.27 *** | 0.0008 | 0.72 |
| FE(FE10) * SIZE | -0.00005 | -0.77 | -0.0005 | -0.47 | -0.0001 | -3.53 *** | -0.0001 | -0.87 |
| BM | 0.0002 | 0.5 | 0.0023 | 3.57 *** | -0.0018 | -0.62 | 0.003 | 2.93 *** |
| FE(FE10) * BM | 4.02E-06 | 0.06 | -0.00008 | -0.77 | 0.0008 | 1.8 * | 0.0003 | 2.03 ** |
| LAG | 0.0008 | 1.62 | 0.0013 | 1.9 * | -9.94E-06 | -0.29 | 0.0001 | 1.37 |
| FE(FE10) * LAG | -0.00001 | -2.69 *** | -0.00002 | -2.65 *** | 1.80E-06 | 0.35 | -0.00005 | -3.22 *** |
| INSTI | 0.05 | 1.78 * | 0.18 | 6.32 *** | 0.04 | 3.98 *** | 0.24 | 4.15 *** |
| FE(FE10) * INSTI | -0.0015 | -0.47 | -0.0008 | -0.2 | -0.0013 | -0.78 | -0.0042 | -0.5 |
| YEAR | YES | | YES | | YES | | YES | |
| N | 5 320 | | 14 951 | | 14 951 | | 14 951 | |
| Adj. $R^2$(%) | 7.03 | | 10.72 | | 3.76 | | 4 | |
| F | 13.16 *** | | 47.80 *** | | 20.84 *** | | 12.47 *** | |

括号内的数字为 White(1980)异方差调整后的 T 值；*，**，*** 分别表示在 10%，5%，1%的显著性水平上显著

156

表8-10-B　信息竞争性披露（分好消息与坏消息）对未预期盈余市场敏感性的影响——多窗口分析

| VARIABLE | CAR[0,1]—好消息 | | CAR[0,1]—坏消息 | | CAR[2,31]—好消息 | | CAR[2,31]—坏消息 | |
|---|---|---|---|---|---|---|---|---|
| | Coef. | T Value | Coef. | T Value | Coef. | T Value | Coef. | T Value |
| INTERCEPT | 0.075 | 2.50 ** | -0.069 | -3.16 *** | 0.12 | 1.56 | 0.16 | 2.9 *** |
| FE | 0.00007 | 0.05 | 0.0002 | 0.29 | -0.0011 | -0.3 | -0.0009 | -0.39 |
| NRANK | -0.00002 | -0.02 | -0.0012 | -3.24 ** | 0.00009 | 0.03 | 0.001 | 1.05 |
| FE * NRANK | 0.0001 | 0.64 | -0.0002 | 2.23 ** | -0.00007 | -0.16 | -0.0001 | -0.4 |
| SIZE | -0.003 | -2.8 *** | 0.003 | 3.1 *** | -0.006 | -1.72 * | -0.008 | -3.12 *** |
| FE * SIZE | 0.0001 | 3.16 *** | -0.0001 | -1.7 * | -0.0001 | -1.15 | -0.00009 | -0.52 |
| BM | -0.011 | -2.7 ** | 0.005 | 1.83 * | -0.018 | -1.69 * | 0.019 | 2.4 ** |
| FE * BM | 0.0001 | 2.7 *** | -0.0009 | -1.62 | 0.0004 | 4.3 *** | 0.0002 | 1.52 |
| LAG | -0.0001 | -1.05 | -0.0001 | -3.07 *** | 0.0001 | 0.27 | 7.82e-06 | 0.07 |
| FE * LAG | 7.82e-06 | 0.47 | 0.00003 | 4.2 *** | -0.00002 | -0.52 | 0.0001 | 0.45 |
| INSTI | 0.03 | 0.97 | 0.06 | 3.9 *** | 0.08 | 0.95 | 0.158 | 3.6 *** |
| FE * INSTI | 0.00002 | 0.01 | -0.08 | -2.27 ** | 0.0003 | 0.03 | -0.024 | -2.54 ** |
| YEAR | YES | | YES | | YES | | YES | |
| Obs | 6 048 | | 8 900 | | 6 048 | | 8 900 | |
| Adj. R²(%) | 2.19 | | 2.05 | | 4.2 | | 1.7 | |
| F | 6.64 *** | | 7.68 *** | | 12.08 *** | | 7.41 *** | |

括号内的数字为White(1980)异方差调整后的T值,*,**,***分别表示在10%,5%,1%的显著性水平上显著

4) 进一步讨论

（1）相关信息与不相关信息对市场盈余敏感性的影响

①相关信息与不相关信息的衡量

通过同一行业不同公司公告的盈余信息，投资者可以知道整个行业的盈利状况，以及每个公司在行业中的地位。因此，我们把每日发布盈余公告的公司中属于同一行业的公司的数量作为相关信息的衡量变量，把每日发布盈余公告的公司中不属于同一行业的公司的数量作为不相关信息的衡量变量。我们把 CSMAR 2007 的 13 类行业分法作为划分相关信息的基础。

②相关信息的单变量分析

表 8-11 为公司特征与盈余公告中相关信息数量之间的关系。我们将相关信息数目排序并分成 10 等份后，分析了每一等份中企业规模和账面/市值的均值，以试图发现选择不同披露策略的企业是否存在特征差异。从表 8-11 中可以看出，选择在相关信息多的日期披露（以下简称多相关信息日披露）的公司，规模要小于选择在相关信息少的日期披露（以下简称少相关信息日披露）的公司，并且统计上在 1% 的水平显著（P<0.001）；同少相关信息日披露的公司相比，在多相关信息日披露的公司具有更坏的消息；多相关信息日披露的公司更倾向于接近法定披露截止日披露盈余公告；在多相关信息日披露的公司的机构投资者持股比例较低。另外，我们还可以看出，多相关信息日披露的公司的账面市值与少相关信息日披露的公司的账面市值相比差距不大。从表 8-11 中，我们可以推断出，规模较小的公司、更多坏消息的公司以及机构投资者持股较小的公司选择在法定披露截止日附近集中披露盈余公告，这在客观上为投资者提供了更多的相关信息，从而为投资者更好地对公司公告的盈余信息做出反应提供了帮助。

158

表 8-11　　　　　　　公司特征与公告中相关信息数量

| 相关信息数量分位数 | Size | Bm | Lag | Fe | Insti |
|---|---|---|---|---|---|
| 1 | 21.50 | 0.37 | 47.12 | -0.13% | 5.70% |
| 2 | 21.54 | 0.37 | 51.84 | -0.13% | 5.15% |
| 3 | 21.54 | 0.36 | 49.94 | -0.06% | 4.31% |
| 4 | 21.31 | 0.38 | 44.80 | -0.28% | 3.36% |
| 5 | 21.35 | 0.37 | 45.85 | -0.12% | 4.10% |
| 6 | 21.36 | 0.39 | 46.88 | -0.10% | 4.74% |
| 7 | 21.30 | 0.40 | 47.20 | -0.16% | 4.58% |
| 8 | 21.40 | 0.38 | 56.93 | -0.31% | 3.51% |
| 9 | 21.38 | 0.38 | 49.53 | -0.14% | 4.08% |
| 10 | 21.35 | 0.38 | 58.54 | -0.38% | 3.27% |
| Difference (10-1) | -0.15 *** | 0.001 | 11.42 *** | 0.25% *** | -2.43% *** |
| P-Value | <0.001 | 0.52 | <0.001 | 0.014 | <0.001 |

　　表 8-12 是主要变量相关系数表，包含 Pearson 相关系数表（A
表）和 Spearman 相关系数表（B 表）。从表 8-4 相关系数分析表
中，我们可以看出，自变量之间的相关系数最大为 0.52，因此不
存在多重共线性问题。

表8-12　　主要变量相关系数表

A

| | | (1) | (2) | (3) | (4) | (5) | (6) | (7) |
|---|---|---|---|---|---|---|---|---|
| CAR[0,1] | (1) | 1 | | | | | | |
| CAR[-1,1] | (2) | 0.8*** | 1 | | | | | |
| FE | (3) | 0.13*** | 0.16*** | 1 | | | | |
| RELATE | (4) | -0.007 | -0.013 | 0.065*** | 1 | | | |
| SIZE | (5) | 0.078*** | 0.09*** | 0.07*** | -0.06*** | 1 | | |
| BM | (6) | 0.015 | 0.03* | -0.03*** | 0.05 | 0.093*** | 1 | |
| INSTI | (7) | 0.1*** | 0.12*** | 0.15*** | -0.05*** | 0.38*** | -0.015* | 1 |
| LAG | (8) | 0.017** | -0.03 | -0.126*** | 0.179*** | -0.006 | -0.021 | -0.95*** |

*、**、*** 分别表示在10%、5%、1%的显著性水平上显著

B

| | | (1) | (2) | (3) | (4) | (5) | (6) | (7) |
|---|---|---|---|---|---|---|---|---|
| CAR[0,1] | (1) | 1 | | | | | | |
| CAR[-1,1] | (2) | 0.78*** | 1 | | | | | |
| FE | (3) | 0.13*** | 0.16*** | 1 | | | | |
| RELATE | (4) | -0.009 | -0.02** | -0.07*** | 1 | | | |
| SIZE | (5) | 0.077*** | 0.08*** | 0.07*** | -0.06*** | 1 | | |
| BM | (6) | 0.015 | 0.02 | -0.03*** | 0.049*** | 0.09*** | 1 | |
| INSTI | (7) | 0.1*** | 0.12*** | 0.13*** | -0.03*** | 0.52*** | 0.18*** | 1 |
| LAG | (8) | -0.0065 | -0.02** | -0.13*** | 0.18*** | -0.005 | -0.02 | -0.09*** |

*、**、*** 分别表示在10%、5%、1%的显著性水平上显著

表 8-13 比较了不同相关信息数量分组中极端盈余信息组 2 天和 3 天窗口的累计超常收益率的差异。每个季度我们分别针对盈余公告中相关信息的数量和未预期盈余的大小进行排序，并各自分成 10 组，最终形成 100（10×10）个组合，然后我们以相关信息数量所分的 10 组为基准，分别就盈余公告日 2 天 [0，1] 窗口和 3 天 [-1，1] 窗口计算每组中极端好消息组 FE10 和极端坏消息组 FE1 的累计超常收益率及其差值。每组中 FE10 和 FE1 累计超常收益率的差值（FE10-FE1）代表了股价对盈余信息的反应，差值越大，代表投资者对盈余信息反应越强烈。结果表明，在 [0，1] 的 2 天窗口里，随着相关信息披露数量的增加，市场对极端好消息与极端坏消息的反应的差异逐渐增大，这一结果说明，市场对盈余信息的反应随着相关信息披露数量的上升而增强，初步验证了假说 1a。进一步，我们发现，好消息选择在多相关信息日公布比在少相关信息日公布会带来 0.8% 的超常收益，并且这一差异在 1% 的水平上显著；而坏消息在多相关信息日公布的市场反应比在少相关信息日公布低 0.6%，但这一差异统计上在 1% 的水平显著。上述结果说明公司与同行业企业一起公布信息时，如果披露的是利好信息，那么会放大对好消息的市场反应；如果披露的是利差信息，也会放大市场对坏消息的反应。这些都初步验证了假说 1a。

图 8-3 则提供了进一步的直观证据，无论是好消息还是坏消息，在多相关信息日披露，就会获得更大的市场反应。

③相关信息对盈余市场敏感性的影响

为检验假说 1a 和假说 1b，我们设定如下模型：

$$CAR_{it} = \alpha_0 + \alpha_1 FE_{it} + \alpha_2 RELATERANK_{it} + \alpha_3(FE_{it} * RELATERANK_{it}) +$$

$$\sum_{i=1}^{n} c_{it}X_{it} + \sum_{i=1}^{n} b_{it}(FE_{it} * X_{it}) + \varepsilon_{it} \qquad (8-7)$$

其中：RELATERANK 为同一天公告盈余信息的公司中属于同一行业的数量。我们将这个数量排序并分成 10 等份；其他变量定义如前。

161

表 8-13 　　　　相关信息数量组中极端分位未预期
盈余的累计超常收益率对比

| RELATE | CAR [0, 1] | | | CAR [-1, 1] | | |
|---|---|---|---|---|---|---|
| | FE1 | FE10 | FE10-FE1 | FE1 | FE10 | FE10-FE1 |
| 1 | -0.014 | 0.013 | 0.027 *** | -0.016 | 0.02 | 0.036 *** |
| 2 | -0.012 | -0.0004 | 0.02 *** | -0.014 | 0.005 | 0.019 *** |
| 3 | -0.012 | 0.018 | 0.03 *** | -0.014 | 0.018 | 0.032 *** |
| 4 | -0.02 | 0.012 | 0.033 *** | -0.02 | 0.018 | 0.04 *** |
| 5 | -0.023 | 0.015 | 0.039 *** | -0.024 | 0.016 | 0.04 *** |
| 6 | -0.015 | 0.012 | 0.028 *** | -0.017 | 0.013 | 0.031 *** |
| 7 | -0.012 | 0.018 | 0.03 *** | -0.014 | 0.02 | 0.035 *** |
| 8 | -0.019 | 0.01 | 0.03 *** | -0.025 | 0.006 | 0.031 *** |
| 9 | -0.018 | 0.015 | 0.034 *** | -0.021 | 0.02 | 0.041 *** |
| 10 | -0.02 | 0.021 | 0.042 *** | -0.025 | 0.024 | 0.049 *** |
| Difference (10-1) | -0.006 *** | 0.008 *** | 0.015 *** | -0.009 *** | 0.004 *** | 0.013 *** |

FE1：1 分位的未预期盈余；FE10：10 分位的未预期盈余。*** 表示在 1% 的显著性水平上显著

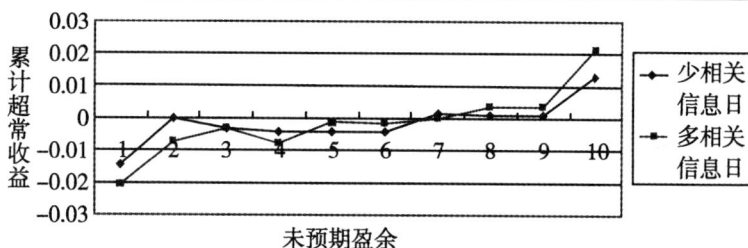

图 8-3 　市场对盈余信息的即时反应

　　为了控制其他可能影响投资者反应的因素，我们进行了多元回归。我们首先对模型 8-7 进行了全样本回归，回归结果分别见表 8-14 和表 8-15。在投资者分类认知假说下，我们预期盈余公告日的市场回报与未预期盈余之间的敏感性随相关盈余公告数量的增加而增强，即 $\alpha_3 > 0$；表 8-14 描述了盈余公告日 2 天窗口内（CAR

［0，1］）股票价格对盈余反应的敏感性。遵循前人的研究，为了减少未预期盈余极端值的影响以及解决绝对数的未预期盈余引起的多重共线问题，我们采用了未预期盈余的分位数。同时，我们还控制了企业规模（SIZE）、账面市值比（BM）和机构投资者持股比例（INSTI）的影响。另外，Petersen（2009）认为，在 Panel Data 中存在残差的截面序列相关和时间序列相关问题，OLS 回归的标准差可能有偏，导致高估或者低估相关系数的真实波动性。传统的修正方法主要是使用 Fama-MacBeth 回归、固定效应回归、Newey-West 方法进行标准差调整（Newey 和 West，1987）以及使用 White 标准差调整法。然而这些方法或是调整了截面的序列相关问题，或是调整了时间的序列相关问题。Petersen（2009）提出了"Cluster Two Way"的方法，从两个层面同时调整标准差。为此，本研究也使用了"Cluster Two Way"的方法进行标准差调整。从表 8-14 的回归（1）中，我们可以看出在全样本回归中，FE * RELATERANK 的系数为 0.008，统计上在 10% 的水平显著。

从表 8-14 的回归可以看出，盈余公告 2 天窗口（CAR［0，1］）FE * RELATERANK 的系数为 0.008，且在 10% 的水平上显著，说明随着当日相关公告信息的增加，投资者的市场反应逐渐增强，相关信息数量每增加一个分位，市场反应平均提高 0.8%。FE 的系数为 0.015，统计上 5% 的水平显著。这就暗示了盈余在多相关信息日（RELATERANK＝10）公布的市场反应要比在少相关信息日公布高出 7.2%（RELATERANK＝10 的敏感系数等于 0.015＋（0.008×10）＝0.095；RELATERANK＝1 的敏感系数等于 0.015＋（0.008×1）＝0.023）。这一结果验证了我们提出的投资者知觉负载假说。在控制变量方面，规模越大的企业，市场对未预期盈余的反应越小，说明规模越大的企业信息越复杂，投资者需要更长的时间进行分析。

表 8-14　盈余公告日 2 天窗口 [0，1] 相关信息披露数量
对未预期盈余市场敏感性的影响

| VARIABLE | (1) 全样本 | | (2) 好消息 | | (3) 坏消息 | |
|---|---|---|---|---|---|---|
| | Coef. | T Value | Coef. | T Value | Coef. | T Value |
| CONSTANT | -0.011 | -2.11 ** | -0.021 | -1.33 | -0.019 | -3.6 *** |
| FE | 0.015 | 2.16 ** | 0.023 | 1.34 | 0.023 | 2 ** |
| RELATERANK | -0.0017 | -0.77 | 0.002 | 0.25 | -0.006 | -2 ** |
| FE * RELATERANK | 0.008 | 1.77 * | 0.003 | 0.32 | 0.02 | 2.41 ** |
| SIZE | 0.011 | 2.42 ** | 0.0035 | 0.28 | 0.014 | 2.9 *** |
| FE * SIZE | -0.012 | -2.38 ** | -0.002 | -0.15 | -0.027 | -2.9 *** |
| BM | -0.001 | -0.34 | -0.008 | -0.55 | 0.0016 | 0.43 |
| FE * BM | 0.003 | 0.46 | 0.011 | 0.59 | -0.006 | -0.85 |
| LAG | -0.004 | -0.83 * | 0.01 | 0.81 | -0.005 | -0.88 |
| FE * LAG | 0.007 | 0.93 | -0.011 | -0.66 | 0.013 | 0.94 |
| INSTI | 0.037 | 2.83 *** | 0.02 | 0.58 | 0.066 | 2.92 *** |
| FE * INSTI | -0.01 | -0.6 | 0.011 | 0.27 | -0.08 | -1.9 * |
| YEAR | YES | | YES | | YES | |
| Obs | 14 893 | | 6 021 | | 8 872 | |
| Adj. R$^2$ (%) | 2.6 | | 3.39 | | 2.62 | |
| F | 14.54 *** | | 7.99 *** | | 8.8 *** | |

### 表8-15  盈余公告日3天窗口 [-1, 1] 相关信息披露数量
### 对未预期盈余市场敏感性的影响

| VARIABLE | (1) 全样本 | | (2) 好消息 | | (3) 坏消息 | |
|---|---|---|---|---|---|---|
| | Coef. | T Value | Coef. | T Value | Coef. | T Value |
| CONSTANT | -0.017 | -2.83 *** | -0.026 | -1.86 * | -0.023 | -4.1 *** |
| FE | 0.021 | 3.19 *** | 0.027 | 1.64 * | 0.026 | 2.3 ** |
| RELATERANK | -0.002 | -1.04 | 0.02 | 1.53 | -0.006 | -3.12 *** |
| FE * RELATERANK | 0.008 | 1.94 * | -0.018 | -1.32 | 0.019 | 3.22 *** |
| SIZE | 0.016 | 3.51 *** | -0.005 | 0.34 | 0.021 | 4.24 *** |
| FE * SIZE | -0.018 | -4.07 *** | 0.009 | 0.46 | -0.036 | -4.4 *** |
| BM | -0.0017 | -0.5 | -0.022 | -1.3 | -0.00016 | -0.03 |
| FE * BM | 0.008 | 1.02 | 0.03 | 0.59 | 0.0039 | 0.33 |
| LAG | -0.0049 | -0.82 | 0.012 | 0.66 | -0.007 | -0.97 |
| FE * LAG | 0.007 | 0.78 | -0.014 | -0.6 | 0.015 | 0.9 |
| INSTI | 0.047 | 2.59 *** | 0.052 | 1.12 | 0.06 | 2.25 ** |
| FE * INSTI | -0.016 | -0.79 | -0.023 | -0.42 | -0.05 | -1.16 |
| YEAR | YES | | YES | | YES | |
| Obs | 14 893 | | 6 021 | | 8 872 | |
| Adj. $R^2$ （%） | 3.6 | | 3.74 | | 2.64 | |
| F | 18.78 *** | | 8.23 *** | | 9.98 *** | |

我们在全样本回归的基础上，又分别针对好消息子样本和坏消息子样本进行了回归，回归结果见表8-14中的（2）和（3）。（2）是好消息的回归结果，我们发现相关信息对于市场对未预期盈余的反应没有影响；（3）是坏消息的回归结果，我们发现 FE * RELATERANK 的系数为0.02且在5%的水平上显著，说明随着当日相关公告信息的增加，投资者对坏消息的市场反应逐渐增强，相关信息数量每增加一个分位，市场对坏消息的反应平均提高1.4%（$1\times0.02+1\times(-0.006)$）。FE 的系数为0.023，统计上5%的水平显著。这就暗示了坏消息在多相关信息日（RELATERANK = 10）公布的市场反应要比在少相关信息日公布的市场反应高出12.6%（RELATERANK = 10 的敏感系数等于$0.023+(-0.006\times10)+(0.02\times10)=0.163$；NRANK = 1 的敏感系数等于$0.023+(-0.006\times1)+(0.02\times1)=0.037$）。通过对好消息、坏消息子样本进行回归，我们可以发现，相关信息数量的多少对未预期盈余市场敏感性的影响主要体现在坏消息样本中，即在坏消息子样本中，相关信息数量越大，市场对未预期盈余反应的放大效应越大。Booth 等（1997），Koutmos 等（1993），Cheung 和 Ng（1992），Koutmos（1992），Poon 和 Taylor（1992），Yeh 等（2000）等学者发现丹麦、挪威、瑞典、芬兰、希腊、美国、加拿大、法国、日本、英国的资本市场上均存在对"好消息"与"坏消息"的不平衡反应，总的结论是坏消息对市场的影响更大，本书从另一个角度验证了上述研究。

考虑到盈余公告日的准确性以及信息提前泄漏的可能性，我们又选择了［-1，1］3天窗口作为我们的研究窗口，回归结果见表8-15，结论与表8-14一致。

④不相关信息对市场盈余敏感性的影响

上述分析与实证检验已经表明，在短窗口内，相关信息会对盈余市场敏感性产生放大效应，并且这种效应主要体现在坏消息的子样本中。为了进一步探讨信息相关性对投资者市场反应的影响，我们从问题的另一面——信息的不相关性对盈余市场敏感性的及时反应进行了研究。我们把每日发布的盈余公告中不同行业公司的数量作为不相关信息程度的衡量变量。具体模型设置如下：

$$CAR_{it} = \alpha_0 + \alpha_1 FE_{it} + \alpha_2 UNRELATERANK_{it} + \alpha_3 (FE_{it} * UN RELATERANK_{it}) +$$

$$\sum_{i=1}^{n} c_{it} X_{it} + \sum_{i=1}^{n} b_{it}(FE_{it} * X_{it}) + \varepsilon_{it} \tag{8-8}$$

这里，UNRELATERANK 为同一天公告盈余信息的公司中属于同一行业的数量。我们将这个数量排序并分成 10 等份。其余变量定义如模型 8-7。根据 Hirshleifer，Lim 和 Teoh（2009）的研究，当竞争信息数量增多时，投资者会分散注意力，进而及时的市场反应会下降。同时，披露的盈余公告中不相关信息的数量越多，投资者的注意力会越分散，进而市场对盈余的及时反应会下降。因此我们预测 FE * UNRELATE 的系数为负。回归结果见表 8-16。回归（1）是全样本的回归结果，回归（2）是好消息的回归结果，回归（3）是坏消息的回归结果。我们可以看出，FE * UNRELATE 的系数为-0.008 且在 10% 的水平上显著，说明随着当日不相关公告信息数量的增加，投资者的市场反应逐渐减弱，不相关信息数量每增加一个分位，市场反应平均减弱 0.8%。FE 的系数为 0.019，统计上 1% 的水平显著。这就暗示了盈余在不相关信息较多的日期（UNRELATERANK = 10）公布的市场反应要比在不相关信息较少日期公布的市场反应低 5%（UNRELATERANK = 10 的敏感系数等于 0.019 +（-0.008×10） = -0.061；NRANK = 1 的敏感系数等于 0.019 +（-0.008×1） = 0.011）。这一结果验证了 Hirshleifer，Lim 和 Teoh（2009）提出的投资者注意力分散假说。

表8-16　　盈余公告日 CAR ［0，1］不相关信息披露数量
对未预期盈余市场敏感性的影响

| VARIABLE | (1) 全样本 | | (2) 好消息 | | (3) 坏消息 | |
|---|---|---|---|---|---|---|
| | Coef. | T Value | Coef. | T Value | Coef. | T Value |
| CONSTANT | -0.012 | -2.35 ** | -0.018 | -1.23 | -0.023 | -4.6 |
| FE | 0.019 | 2.94 *** | 0.023 | 1.42 | 0.039 | 3.64 *** |
| UNRELATE | -0.00001 | 0 | -0.005 | -0.46 | 0.0045 | 0.89 |
| FE * UNRELATE | -0.008 | 1.68 * | 0.0006 | 0.04 | -0.022 | -2.05 ** |
| SIZE | 0.011 | 2.42 ** | 0.004 | 0.34 | 0.015 | 2.9 *** |
| FE * SIZE | -0.012 | -2.38 ** | -0.003 | -0.22 | -0.028 | -3.1 *** |
| BM | -0.0011 | -0.34 | -0.008 | -0.53 | 0.0015 | 0.39 |
| FE * BM | 0.003 | -0.38 | 0.011 | 0.59 | -0.006 | -0.79 |
| LAG | -0.005 | -0.94 | 0.014 | 0.86 | -0.008 | -1.29 |
| FE * LAG | 0.007 | 0.93 | -0.011 | -0.47 | 0.028 | 1.75 * |
| INSTI | 0.037 | 2.85 *** | 0.02 | 0.53 | 0.066 | 2.93 *** |
| FE * INSTI | -0.01 | -0.6 | 0.013 | 0.3 | -0.08 | -1.9 * |
| YEAR | YES | | YES | | YES | |
| Obs | 14 893 | | 6 021 | | 8 872 | |
| Adj. $R^2$ (%) | 2.6 | | 3.39 | | 2.64 | |
| F | 14.54 *** | | 7.99 *** | | 8.8 *** | |

进一步，我们又将全样本分成好消息组和坏消息组分别进行回归。回归（2）是好消息子样本，我们发现不相关信息并未对盈余的市场敏感性产生影响。回归（3）是坏消息的回归结果，我们发现 FE * UNRELATE 的系数为-0.022 且在 5% 的水平上显著，说明随着当日不相关公告信息数量的增加，投资者对坏消息的市场反应逐渐下降，相关信息数量每增加一个分位，市场对坏消息的反应平均下降 2.2%。FE 的系数为 0.039，统计上 1% 的水平显著。这就暗示了坏消息在不相关信息较多日期（UNRELATERANK = 10）公布的市场反应要比在不相关信息较少日期公布的市场反应低16.4%（UNRELATERANK = 10 的敏感系数等于 0.039 +（-0.022×10）= -0.181；NRANK = 1 的敏感系数等于 0.039 +（-0.022×1）= 0.017）。与我们前面分析的一致，不相关信息对投资者注意力的分散作用主要体现在坏消息中。

（2）交易量

上述检验从一定程度上证明了相关信息可以放大股价对盈余公告的及时市场反应。如果这种差异来自于投资者获得更多的相关信息从而积极地进行交易，那么我们应该可以观察到相关信息放大盈余公告交易量的效应。交易量的计算公式如下：

$$\text{VOL}[j] = \text{Log}(\text{DollarVol}_{t+j} + 1) - \frac{1}{30}\sum_{k=t-41}^{t-11}\text{Log}(\text{DollarVol}_k + 1) \quad (8-9)$$

我们计算了每只股票 j 天的超常交易量（j = -2，-1，0，1，2，3，4，5）。我们把每只股票每日交易额的对数减去该只股票盈余公告前 [-41，-11] 交易额的对数后的均值作为超常交易量。回归方程设定如下：

$$\text{CVOL}_{it} = \alpha_0 + \alpha_1\text{ABSUE} + \alpha_2\text{RELATERANK}_{it} + \sum_{i=1}^{n}c_{it}X_{it} + \varepsilon_{it} \quad (8-10)$$

其中：$\text{CVOL}_{it}$ 为盈余公告日 2 天窗口 [0，1] 超常交易量的均值，计算公式见模型 8-9；ABSUE 是标准化的未预期盈余的绝对值，其他控制变量同模型 8-7。具体回归结果见表 8-17 中的

（1）。从表 8-17 中的（1）我们可以看出，RELATE 的系数为
0. 05，统计上 5% 的水平显著，说明同一天公告的盈余信息相关程
度越高，交易量越大，这进一步验证了上述假说。

表8-17　盈余公告日2天窗口 CAR [0，1] 信息披露的
相关性对未预期盈余市场敏感性（交易量）的影响

| VARIABLE | (1) | | (2) | |
|---|---|---|---|---|
| | Coef. | T Value | Coef. | T Value |
| CONSTANT | 0. 056 | 0. 26 | −0. 013 | −0. 06 |
| ABSUE | −0. 067 | −0. 21 | −0. 085 | −0. 28 |
| RELATE | 0. 05 | 1. 99 ** | | |
| UNRELATE | | | −0. 2 | −5. 04 *** |
| SIZE | −0. 015 | −1. 57 | −0. 013 | −1. 38 |
| BM | 0. 2 | 6. 7 *** | 0. 2 | 6. 54 *** |
| LAG | −0. 015 | −13. 2 *** | −0. 012 | −10. 36 *** |
| INSTI | 0. 8 | 11. 32 *** | 0. 79 | 11. 2 *** |
| YEAR | YES | | YES | |
| Obs | 14 279 | | 14 279 | |
| Adj. R² （%） | 22. 2 | | 22. 2 | |
| F | 149. 5 *** | | 151. 75 *** | |

另外，我们也针对不相关信息的数量对交易量的影响进行了回
归，回归结果见表 8-17 中的（2），我们发现，UNRELATE 的系数
为-0. 2，统计上 1% 的水平上显著。这也说明信息不相关程度越
高，投资者的注意力越下降，市场反应越弱。这验证了 Hirshleifer,
Lim 和 Teoh（2009）的研究。

5）稳健性检验

首先，为了控制累计超常收益率计算误差，我们根据 Hirshleifer，Lim 和 Teoh（2007）的方法分别按照企业资产规模和账面市值比排序，分成 5 组，进而形成 25 个投资组合，然后按下列公式计算累计超常收益率，主要的结果基本保持不变：

$$CAR[0, 1]_{iq} = \prod_{k=t}^{t+1}(1 + R_{ik}) - \prod_{k=t}^{t+1}(1 + R_{pk}) \tag{8-11}$$

$$CAR[2, 31]_{iq} = \prod_{k=t+2}^{t+31}(1 + R_{ik}) - \prod_{k=t+2}^{t+31}(1 + R_{pk}) \tag{8-12}$$

其中：$R_{ik}$ 是公司 i 的股票回报，$R_{pk}$ 是公司 i 所在组合的回报，t 是公告日，q 是季度。

其次，由于我国分析师预测的数据从 2004 年开始可以公开获得，所以为了控制未预期盈余计算的误差，我们利用 2004—2006 年分析师预测的数据重新计算未预期盈余，主要结论基本保持不变。

# 8.2 小 结

Hirshleifer，Lim 和 Teoh（2009）提出了"注意力分散假说"，认为无关信息的同时出现会分散投资者有限的注意力，注意力的分散使得市场不能对相关信息做出及时反应，注意力分散是导致反应不足的原因。Hirshleifer，Lim 和 Teoh（2009）研究的焦点集中在无关信息对相关信息的影响上，本书研究的重心放在相关信息对相关信息的影响上。另外，Hirshleifer，Lim 和 Teoh（2009）的研究关注的是信息整体对投资者注意力的影响，我们关注的是信息各组成部分对投资者注意力的影响。L. Peng 和 W. Xiong（2005）将企业公告的信息分成市场层面、板块层面和公司层面三个部分，他们的模型表明，注意力的有限性使得投资者将更多的注意力分配到市场和板块层面的信息上，而忽视了公司层面的信息。根据这一逻辑，信息竞争性披露的增加会使投资者注意力有限性的矛盾更加突出，一方面，有利于促使投资者更倾向于处理市场和板块层面的信息；另一方面，进一步降低了投资者对公司层面信息的处理能力。当公司层面的信息在市场定价中起主导作用时，信息竞争性披露的增加会伴随投资者市场反应的减少，这就是 Hirshleifer，Lim 和 Teoh（2009）提出的"投资者注意力分散假说"；当市场和板块层面的信息在市场定价中起主导作用时，信息竞争性披露的增加将提升投资者及时的市场反应，我们将其称为"投资者注意力分类聚焦假说"。我们的研究表明，多信息日投资者对未预期盈余的及时市场反应显著强于少信息日；从盈余公告后的漂移程度方面看，在多信息日公告盈余信息的企业，盈余公告后的漂移程度显著低于在少信息日公告盈余信息的企业。这一研究结果验证了"投资者注意力分类聚焦假说"。此外，我们的研究还验证了 Morck et al.（2000）"发展中国家产权保护比较弱，公司层面信息的可靠性差，因此股价对公司层面的信息反应较少"的论断。

本章的贡献体现在以下三个方面：首先，我们以中国特有的资本市场为背景，考察了中国投资者在以市场层面和板块层面信息为主要信息的市场中如何分配自己的注意力，以及这种分配注意力的方式对市场定价的影响。我们的研究进一步发展了 Hirshleifer，Lim 和 Teoh（2009）关于有限注意力的研究。注意力的有限性使得投资者倾向于将更多的注意力分配到市场和板块层面的信息上，而忽视了公司层面的信息（L. Peng 和 W. Xiong，2006），而且注意力有限性的矛盾越突出，这种趋势越明显。在发达资本市场，公司层面的信息对股价有着重要影响（Brown 和 Kapadia，2007），而且公司层面的信息对股票投资回报的风险影响在最近十几年变得越来越明显（Campbell 等，2001）。在发达的资本市场上，当大量的盈余信息同时公布时，投资者在短期窗口内会将注意力转移到市场和板块层面的信息上，忽视公司层面的信息，而公司层面的信息又主导了股价的波动，因此可以观察到短期窗口市场反应不足，而公告后的漂移程度增强。Hirshleifer，Lim 和 Teoh（2009）的发现验证了这个观点。然而在发展中国家，特别是在中国，由于产权保护较弱，公司层面的信息可信度差，因而股价较少包含这个层面的信息（Morck et al.，2000；Jim Myers，2006），更多体现的是市场层面和板块层面的信息（许年行、洪涛、徐信忠和吴世农，2008；游家兴、张俊生和江伟，2006 等）。在我国资本市场上，当信息竞争性披露数量增加时，短期窗口内投资者不仅将注意力转移到市场和板块信息的层面上，而且大量的信息同时披露也提供了更多的市场和板块层面的信息，这有助于投资者充分理解市场和板块层面的信息，而市场和板块层面的信息又主导着我国资本市场的股价波动（陈志武，2008）。所以，投资者短期窗口的市场反应是充分的。然而注意力的集中通常会造成过度反应（Kewei Hu，Lin Peng 和 Wei Xiong，2008），因此我们会看到盈余公告后的漂移减小。我们的研究验证实了这一观点。我们的研究在 Hirshleifer，Lim 和 Teoh（2009）的研究的基础上，进一步推广到新兴资本市场，并发展出能合理解释我国资本市场注意力分配和竞争性披露的相关假说。

其次，我们研究了信息披露的数量对资本市场信息传播效率的影响。根据《证券法》中的信息披露制度，所有的上市公司都必须在一定时间之前对外公布公司的盈余信息，同时披露的大量盈余公告为我们提供了一个检验竞争性信息对投资者行为和对市场效率影响的天然样本。信息在多大程度上影响资本市场中的资产定价，这一直是国内外学者关注的焦点，尤其在我国这样一个新兴加转型的市场中，信息的数量和质量对资本市场定价的影响问题更有其特殊意义。过去的研究主要是从单一企业的信息生产视角，静态地研究信息披露、信息质量是否能够促进资本市场的定价功能，鲜有从企业间信息披露行为的相互影响视角抑或信息披露的竞争性视角，动态地研究竞争性信息对市场价格影响的①。

最后，我们的研究对于理解我国以及国外其他资本市场上的信息披露及信息传导机制具有指导价值。国外现有的研究表明，尽管证券监管部门出台了相应的政策限制上市公司的集中披露行为，财务报告集中披露的现象在资本市场还是普遍存在的（Kross，1981；Givoly 和 Palmon，1982；Kross 和 Schroeder，1984；Begley 和 Fischer，1998 等）。公司为了弱化投资者对信息的消化、吸收与理解，以降低市场对公司相关信息的反应及股价的波动性，会选择其他公司披露重大消息的时间（Hirshleifer 和 Teoh，2004）或投资者注意力比较分散的日子披露坏消息（Vigna 和 Pollet，2005a）。我国资本市场财务报告集中披露现象由来已久，"前松后紧"的现象非常明显，平均业绩"前高后低"，亏损年报集中在 4 月下旬（李筱强，2003）。为了使投资者能更充分地理解上市公司盈余公告的信息，上证所原则上每日安排不超过 50 家上市公司披露半年报，深市主板原则上每日最多安排 30 家上市公司披露半年报；对于年报，上证所每日最多安排 45 家上市公司公布年报，深交所每日最多安排 25 家上市公司公布年报。财务报告集中披露的现象在这些制度的约束下得到了一定程度的抑制，但并没有完全消失。现有的国内外研究只是发现了"好消息提前披露，坏消息推迟披露"这一披露规律，并

---

① 这方面的研究大概可以分成三个方面：一是从信息披露的角度研究信息对资本成本的影响（Botosan，1997，2002；Welker，1995；Healy，Hutton 和 Palepu，1999；Bhattacharya，Daouk 和 Welker，2003；汪炜、蒋高峰，2004；曾颖、陆正飞，2006）。二是从信息质量出发研究信息风险在市场定价中的作用（Easley 和 O'Hara，2004；O'Hara，2003；Leuz 和 Verrecchia，2004；Francis J.，R. LaFond，P. Olsson 和 K. Schipper，2007；于李胜、王艳艳，2006，2007）。三是从信息竞争的角度研究信息风险对股票回报的影响。Francis J.，K. Schipper 和 Linda Vincent（2002）研究了分析师报告作为竞争信息是否减少了盈余公告信息的有用性。我们的研究与他们不同，我们是同时发布盈余公告产生的信息竞争对市场定价的影响。

试图通过这一规律来解释集中披露的原因，尚未从投资者认知过程这一更直接的动因理解竞争性信息披露对投资者行为的影响。本书借鉴认知心理学有关注意力方面的研究，在分析我国资本市场信息不同组成部分在市场定价中的作用的基础上，提出了"投资者注意力分类聚焦假说"，并用经验证据验证了该假说。

# 9 总 结

## 9.1 主要结论

盈余公告后的漂移现象（PEAD）是资本市场的一个重要市场异象。国外以 Ball 和 Brown（1968）的文章为始，首次发现资本市场上年报公布后存在明显的漂移现象。此后，大量的学者针对这一问题进行了深入的探讨和研究，并从多种角度给出解释。我国的学者也尝试对这个问题进行了研究，然而他们的研究更多的是停留在现象描述上，未深入剖析这一现象产生的原因。本研究希望在此方面做出一些尝试。我们首先从信息扩散理论分析入手，在探讨了我国特有的约束条件的基础上，全面描绘了我国的 PEAD 特征，并从信息不完全性和投资者差异两个角度进行了实证检验，对这些特征给出了解释。

我们的研究结论是：我国资本市场上盈余公告后的漂移现象（PEAD）具有以下特征：

（1）未预期盈余对 PEAD 的大小有着重要影响，未预期盈余的程度越高，PEAD 越大。

（2）市场对好消息和坏消息的反应不对称，对好消息的反应平淡，对坏消息的反应剧烈。

（3）盈余公告后好消息和坏消息的投资组合都会出现反转现象，但坏消息组合的反转现象更明显。

对于上述特征产生的原因，我们认为主要是以下几个方面：

176

（1）本研究发现，未预期盈余与 PEAD 之间的关系实际上受到更深层次的因素——信息不确定性的影响。信息不确定性程度越高的公司，未预期盈余的程度就越高，进而 PEAD 也就比较大。这说明信息不确定性是影响 PEAD 产生和持续的深层次原因之一。

（2）市场对好消息反应平淡，是因为以基金公司为代表的机构投资者持有的股票中，多数具有利好消息，这些投资者通常是价值投资者，其持有的股票基本为绩优股，因此会长期持有这些组合，故对公司公布的利好消息反应平淡；散户投资者通常跟随机构投资者而动，相应的买卖行为也会减少，因此整个市场对好消息反应平淡。市场对坏消息反应强烈，是因为如果机构投资者持有的股票公布了坏消息，说明机构投资者对企业盈余预测有偏。为避免损失，此时机构投资者会积极卖出相应股票。由于资金量大，会引起相应股价持续下跌，而散户投资者由于代表型偏差以及损失厌恶等原因，也会随之抛售相应股票，从而市场表现为对坏消息反应剧烈。

（3）盈余公告后的反转现象主要是由以基金公司为代表的机构投资者的投资行为引起的。由于我国机构投资者具有明显的羊群效应，当出现较大的正的未预期盈余或负的未预期盈余时，他们会积极地买入或卖出股票。由于资金量较大，会出现股价持续下跌或上涨的态势。而散户投资者由于具有代表型偏差，认为股价持续上涨意味有巨大的利好消息，而股价持续下跌意味有较大的利差消息，所以他们也会积极地买入或卖出相关股票，这又进一步推动了股票的价格上涨或下跌，最终导致了过度反应。又由于上述（2）说明的原因，所以盈余公告后坏消息组合的反转现象更明显。

（4）投资者对未预期盈余的敏感性随着竞争性信息数量的增加而增强，而盈余公告后的漂移程度则随竞争性信息数量的减少而降低。当我们进一步将竞争性信息分为相关信息和非相关信息后，发现相关信息数量的增加会增强投资者对未预期盈余的反应，而非相关信息则会降低投资者的反应，并且总体上，相关信息的影响大于非相关信息的影响。这一结果综合表明，当竞争性信息披露增多时，带来相关信息的增多，相关信息增多提高了投资者的分类认知效率，有助于投资者对公司盈余信息的充分理解，使市场及时反应增强，公告后的漂移减小。

# 9.2 研究不足及未来的研究方向

## 9.2.1 研究不足

虽然本研究从选题、收集数据、统计处理到最后的成文历时 2 年，但受笔者认知能力、研究方法及时间和精力的限制，本研究至少还存在以下局限性：

（1）对盈余公告后的漂移的影响，除了信息不完全性和投资者行为等因素外，市场微观结构的差异也起着一定的作用，本研究在此未加考虑，所以对 PEAD 现象的解释还不够全面。

（2）对信息不完全性的衡量方面。本研究主要把利用 Jones 模型和修正后的 Jones 模型计算的可操控性应计作为信息不完全性的衡量变量。虽然夏立军（2005）证明在我国修正后的 Jones 模型能更好地计量可操控性应计，但这并不意味着对信息不完全性的衡量，可操控性应计是唯一和最好的衡量变量，只是我们目前尚未找到更合适的衡量变量。

（3）对超常累计收益率的计算。本研究主要使用市场调整后的超常收益率，而实际上，关于超常累计收益率的计算通常有三种方法，即风险调整后的超常收益率、均值调整后的超常收益率和市场调整后的超常收益率。选择市场调整法主要是因为，近几年国内外学者不断对系统风险系数 β 提出质疑，故在事件研究中风险调整法几乎停用，而更多地采用市场调整法。另外，我国资本市场发展历程较短，α 和 β 都不稳定。但是这并不意味着我们计算的超常累计收益率就不存在计算上的偏差。

（4）关于对不成熟程度投资者的划分。本研究只是把机构投资者和散户投资者作为投资者不同成熟程度的代理变量，实际上关于投资者成熟度划分的指标有很多，如投资者的年龄、投资经历等。同时，对于机构投资者，我们只是用基金公司代替，而实际上现有的机构投资者很多，他们对股市的影响也是有差异的。

## 9.2.2 未来的研究方向

基于对我国盈余公告后的漂移现象的理解，以及本研究存在的缺陷，我们认为，关于盈余公告后的漂移现象这一课题，未来的研究可以从以下几个方面展开：

（1）从市场微观结构的理论角度出发，分析我国特有的市场微观结构对 PEAD 的影响。

（2）不同企业所有权属性的差异和所有权结构的差异将导致企业不同的微观行为，这最终会反映在企业的信息供给层面上，所以未来的研究可以从上市公司的所有权安排入手，以观察不同的所有权安排下，企业提供的信息质量特征以及由此引发的市场反应。

（3）可以从个人交易账户入手，通过分析盈余公告后的交易变化来研究投资者行为是如何影响 PEAD 的；同时，还可以考虑其他机构投资者的投资行为对市场的影响。

# 主要参考文献

［1］罗斯·瓦茨、杰罗尔德·齐默耳曼．实证会计理论［M］．陈少华，等，译．大连：东北财经大学出版社，1999：113-136.

［2］朱滢．实验心理学［M］．北京：北京大学出版社，2000：285-287.

［3］彭星辉，汪晓虹．上海股民的投资行为与个性特征研究［J］．心理科学，1995（2）：94-98.

［4］赵云飞，戴忠恒．股民股票投资成败归因内容与特征的研究［J］．心理科学，1995（6）：351-354.

［5］吴世农，黄志功．上市公司盈利信息报告、股价变动与股市效率的实证研究［J］．会计研究，1997（4）．

［6］蒋义宏．ROE是否已被操纵——关于上市公司净资产收益率的实证研究［N］．中国证券报，1998-05-20.

［7］赵宇龙．会计盈余披露的信息含量——来自上海股市的经验数据［J］．经济研究，1998（7）．

［8］赵宇龙，王志台．我国证券市场"功能锁定"现象的实证研究［J］．经济研究，1999（9）．

［9］黄志忠，陈龙．中国上市公司盈利成长规律实证分析［J］．经济研究，2000（12）．

［10］秦宛顺，刘霖．中国股票市场协整现象与股票价格动态调整过程研究［J］．金融研究，2001（4）．

［11］刘星，曾宏，王晓龙．我国上市公司盈利信息鉴别的实证研究［J］．经济科学，2001（6）．

［12］陆璇，陈小悦，张岭松，等．中国上市公司财务基本信

息对未来收益的预测能力[J]．经济科学，2001（6）．

［13］赵学军，王永宏．中国股市"处置效应"的实证研究[J]．金融研究，2001（7）．

［14］施东晖．证券投资基金的交易行为及其市场影响[J]．世界经济，2001（10）．

［15］陈汉文，陈向民．证券价格的事件性反应——方法、背景和基于中国证券市场的应用[J]．经济研究，2002（1）：40-47.

［16］李爽，吴溪．审计失败与证券审计市场监管[J]．会计研究，2002（2）．

［17］孙培源，施东晖．基于 CAPM 的中国股市羊群行为研究[J]．经济研究，2002（2）．

［18］吕岚，李学．中国股市投资者的处置效应［N］．中国证券报，2002-04-22.

［19］程伟庆．预亏预盈公告对股价影响的实证研究［R］．深圳证券交易所获奖研究报告，2002.

［20］童驯．上市公司年报业绩预告的股价反应研究［R］．深圳证券交易所获奖研究报告，2002.

［21］张弘，唐志．上市公司盈余预警的信息含量与传递效应的实证研究［R］．深圳证券交易所获奖研究报告，2002.

［22］薛爽．预亏公告的信息含量[J]．中国会计与财务研究，2002（9）．

［23］李心丹，王冀宁，傅浩．中国个体投资者交易行为的实证研究[J]．经济研究，2002（11）．

［24］韩伟华，袁克，王亚南，等．中国证券市场 PEAD 现象实证研究［R］．深圳证券交易所获奖研究报告，2003.

［25］袁克，陈浩．中国股票市场机构投资者羊群行为研究［G］．深交所第六届会员单位研究成果，2003.

［26］孙铮，李增泉．股价反应、企业绩效与收购[J]．中国

会计与财务研究，2003（1）：32-63.

　　［27］阮奕，张汉江，马超群．深市 A 股收入公告效应的实证研究［J］．系统工程，2003（2）．

　　［28］夏立军．盈余管理计量模型在中国股票市场的应用研究［J］．中国会计与财务研究，2003（3）：1-29.

　　［29］吴世农，吴超鹏．我国股票市场"价格惯性策略"和"盈余惯性策略"的实证研究［J］．经济研究，2003（4）．

　　［30］李筱强．年报披露进度均衡性有待提高［N］．中国证券报，2003-06-06.

　　［31］董梁．我国股票市场投资者六种非理性心理研究［J］．现代管理科学，2003（11）．

　　［32］顾娟，刘建洲．信息不对称与股票价格变动［J］．经济研究，2004（2）．

　　［33］翟林瑜．信息、投资者行为与资本市场效率［J］．经济研究，2004（3）．

　　［34］周建波．基本财务信息、盈利质量与未来盈利——来自中国 A 股上市公司的经验证据［J］．中国会计与财务研究，2004（3）．

　　［35］张庆翠．我国股票市场对定期报告的延迟反应异象研究［J］．经济科学，2004（6）．

　　［36］汪炜，蒋高峰．信息披露、透明度与资本成本［J］．经济研究，2004（7）．

　　［37］陆正飞，叶康涛．中国上市公司股权融资偏好解析［J］．经济研究，2004（8）．

　　［38］孙培源，施东晖．中国证券市场羊群行为实证研究［J］．证券市场导报，2004（8）．

　　［39］吴世农，吴超鹏．盈余信息度量、市场反应与投资者框架依赖偏差［J］．经济研究，2005（2）．

［40］李增泉．所有权结构与股票价格的同步性——来自中国股票市场的证据［J］．中国会计与财务研究，2005（3）：57-82．

［41］沈艺峰，肖珉，黄娟娟．中小投资者法律保护与公司权益资本成本［J］．经济研究，2005（6）．

［42］胡志勇，魏明海．财务信息解释能力对价格发现机制的影响：基于封闭式证券投资基金的研究［J］．金融研究，2005（7）．

［43］雷东辉，王宏．信息不对称与权益资本成本［J］．会计之友，2005（7）．

［44］孙铮，刘凤委，汪辉．债务、公司治理与会计稳健性［R］．工作论文，2005．

［45］陈志武．股价同向涨跌率上升，中国股市质量变差了？［J］．新财富，2005（12）．

［46］卢锐．盈利预测模型的改进——基于财务指标、审计师意见与未来盈利的相关性［C］．中国会计学会2005年学术年会论文集，2005．

［47］赵利人．中国证券市场机构投资者研究［D］．吉林大学博士学位论文，2005．

［48］曾颖，陆正飞．信息披露质量与股权融资成本［J］．经济研究，2006（2）．

［49］于李胜，王艳艳．信息不确定性与盈余公告后的漂移现象（PEAD）［J］．管理世界，2006（3）．

［50］张良悦，刘东．股权分置改革的一个经济学解释［J］．经济体制改革，2006（6）．

［51］游家兴，张俊生，江伟．制度建设、公司特质信息与股价波动的同步性［J］．经济学季刊，2006（11）．

［52］于李胜．投资者差异与盈余公告后漂移现象研究［J］．证券市场导报，2006（12）．

［53］陈工孟，茑萌，高宁．中国投资者（个人/机构）行为

分析[R].上证联合研究计划第十期课题报告,2006.

[54] 于李胜,王艳艳.信息风险与市场定价[J].管理世界,2007(2).

[55] 朱红军,何贤杰,陶林.中国的证券分析师能够提高资本市场的效率吗——基于股价同步性和股价信息含量的证据[J].金融研究,2007(2).

[56] 牛盾,高志强.不同信息负荷下注意选择性研究[J].心理科学,2007(30):341-343.

[57] 许年行,洪涛,徐信忠,等.信息传递模式、投资者心理偏差与股价"同涨同跌"现象[J].经济研究,2011(4).

[58] ABARBANELL J S, BERNARD V L. Tests of analysts' overreaction/underreaction to earnings information as an explanation for anomalous stock price behavior [J]. Journal of Finance, 1993, 47: 1181-1207.

[59] BRAV A, HEATON J B. Competing theories of financial anomalies [J]. Review of Financial Studies, 2002, 15: 575-606.

[60] AMIHUD Y, MENDELSON H. The effects of beta, bid-ask spread, residual risk and size on stock returns [J]. Journal of Finance, 1989, 44: 479-486.

[61] FERGUSON A, MATOLCY Z. Audit quality and earnings announcement [R]. Sydney: University of Technology, 2003.

[62] ASHTON R H. Cognitive changes induced by accounting changes: experimental evidence on the functional fixation hypothesis [J]. Journal of Accounting Research, 1976, 14: 1-17.

[63] ATIASE R K. Predisclosure information, firm capitalization and security price behavior around earnings announcements [J]. Journal of Accounting Research, 1985, 23: 21-36.

[64] BALL R, BROWN P. An empirical evaluation of accounting

income numbers [J] . Journal of Accounting Research, 1968, 6: 159-177.

[65] BALL R, KOTHARI S P, WATTS R I. The economics of the relation between earnings changes and stock returns [R] . Rochester, NY: University of Rochester, 1990.

[66] BALL R, BARTOV E. How Naïve is the stock market's use of earnings information [J] . Journal of Accounting and Economics, 1996, 21: 319-337.

[67] BARBERIS N, SHLEIFER A. Style investing [J] . Journal of Financial Economics, 2003, 68: 161-199.

[68] BARTOV E, RADHAKRISHNAN S, KRINSKY I. Investor sophistication and patterns in stock returns after earnings announcements [J] . The Accounting Review, 2000, 75: 43-63.

[69] BEAVER W H, LAMBERT R, MORSE D. The information content of security prices [J] . Journal of Accounting and Economics, 1980, 2: 3-28.

[70] BEAVER W H. The information content of annual earnings announcements [J] . Journal of Accounting Research, 1968, 17: 316-340.

[71] BEAVER W H, Dukes R E. Interperiod tax allocation, earnings expectations and the behavior of security prices [J] . Journal of Accounting Review, 1972, 47: 320-333.

[72] BEAVER W H, CLARK R, WRIGHT W. The association between unsystematic security returns and the magnitude of earnings forecast errors [J] . Journal of Accounting and Economics, 1979, 17 (2): 316-340.

[73] BEGLEY J, FISCHER P E. Is there information in an earnings announcement delay [J] . Review of Accounting Studies,

1998, 3: 347-363.

[74] BERNARD V, THOMAS J. Post – earnings – announcement drift: delayed price response or risk premium [J]. Journal of Accounting Research, 1989, 27: 1-48.

[75] BERNARD V, THOMAS J. Evidence that stock prices do not fully reflect the implications of current earnings for future earnings [J]. Journal of Accounting and Economics, 1990, 13: 305-340.

[76] BHATTACHARYA U, DAOUK H, WELKER M. The world price of earnings opacity [J]. The Accounting Review, 2003, 78 (3): 641-678.

[77] BHATTACHARYA N. Investors' trade size and trading responses around earnings announcements: an empirical investigation [J]. The Accounting Review, 2001, 76 (2): 221-244.

[78] BHUSHAN R. An informational efficiency perspective on the post – earnings announcement drift [J]. Journal of Accounting and Economics, 1994, 18: 45-65.

[79] BOTOSAN C, Plumlee M. A re – examination of disclosure level and the expected cost of equity capital [J]. Journal of Accounting Research, 2002, 40: 21-40.

[80] BOTOSAN C. Disclosure level and the cost of equity capital [J]. The Accounting Review, 1997, 72: 323-349.

[81] BRAV A, HEATON J B. Competing theories of financial anomalies [J]. Review of Financial Studies, 2002, 15: 575-606.

[82] BROADBENT D E. Perception and communication [M]. New York: Pergamon Press, 1958.

[83] BROWN L, HAN J. Do stock prices fully reflect the implications of current earnings for future earnings for AR1 firms [J]. Journal of Accounting Research, 2000, 38: 149-164.

［84］ BROWN P, KENNELLY J W. The information content of quarterly earnings: an extension and some further evidence ［J］. Journal of Business, 1972, 45: 403-415.

［85］ BROWN P. The impact of the annual net profit report on the stock market ［J］. The Australian Accountant, 1970, 40: 277-283.

［86］ BUSHEE B. Do institutional investors prefer near - term earnings over long-run value ［J］. Contemporary Accounting Research, 2001, 18: 207-246.

［87］ CAI F, KAUL G, ZHENG L. Institutional trading and stock returns ［R］. Ann Arbor: University of Michigan, 2000.

［88］ CAMPBELL J Y, LETTAU M, MALKIEL B G, et al. Have individual stocks become more volatile? An empirical exploration of idiosyncratic risk ［J］. The Journal of Finance, 2001, 56: 1-43.

［89］ FORNER C, SANABRIA S, MARHUENDA J. Post - earnings announcement drift: Spanish evidence ［R］. University of Utah and Stanford University, 2005.

［90］ CHAN W, FRANKEL R, KOTHARI S. Testing behavior finance theories using trends and sequences in financial performance ［R］. Cambridge, Massachusetts: MIT Sloan School of Management, 2002.

［91］ CHANG D L, BIRNBERG J. Functional fixity in accounting research: perspective and new data ［J］. Journal of Accounting Research, 1977, 15 (2): 300-312.

［92］ CHERRY E C. Some experiments on the recognition of speech, with one and with two ears ［J］. Journal of the Acoustical Society of America, 1953, 25: 975-979.

［93］ COLLINS D W, KOTHARI S P. An analysis of intertemporal and cross-sectional determinants of earnings response coefficients ［J］. Journal of Accounting and Economics, 1989, 11: 143-181.

[94] CREADY W M. Information value and investor wealth: the case of earnings announcements [J]. Journal of Accounting Research, 1988, 26 (1): 1-27.

[95] DANIEL K D, HIRSHLEIFER D, SUBRAHMANYAM A. Investor psychology and security market under - and overreactions [J]. Journal of Finance, 1998, 53: 1839-1886.

[96] DANIEL K D, HIRSHLEIFER D, SUBRAHMANYAM A. Overconfidence, arbitrage, and equilibrium asset pricing [J]. Journal of Finance, 2001, 56: 921-965.

[97] HIRSHLEIFER D, TEOH S H. Limited attention, information disclosure, and financial reporting [J]. Journal of Accounting and Economics, 2003, 36: 337 - 335.

[98] HIRSHLEIFER D, LIM S S, TEOH S H. Driven to distraction: extraneous events and underreaction to earnings news [J]. Journal of Finance, 2009, 64: 2287 - 323.

[99] HIRSHLEIFER D, MYERS J N, MYERS L A, et al. Do individual investors drive post - earnings announcement drift [R]. Columbus, Ohio: Ohio State University, 2002.

[100] DE BONDT W F M, THALER R H. Does the stock market overreact [J]. The Journal of Finance, 1985, 40: 793-803.

[101] DE GROOT M H. Optimal statistical decisions [M]. New York: McGraw-Hill, 1970.

[102] DELLA VIGNA S, POLLET J. Investor inattention, firm reaction, and Friday earnings announcements [R]. UC Berkeley and UIUC, 2005.

[103] DELLA VIGNA S, POLLET J. Attention, demographics, and the stock market [R]. UC Berkeley and UIUC, 2005.

[104] DELONG J B, SHLEIFER A, SUMMER L H, et

al. Noise trader risk in financial markets [J]. Journal of Political Economy, 1990, 98: 703-738.

[105] DEUTSCH J A, DEUTSCH D. Attention: some theoretical considerations [J]. Psychological Review, 1963, 70: 80-90.

[106] DHALIWAL D, LEE K, FARGHER N. The association between unexpected earnings and abnormal security returns in the presence of financial leverage [J]. Contemporary Accounting Research, 1991, 8: 20-41.

[107] DIAMOND D. Optimal release of information by firms. Journal of Finance, 1985, 40: 1071-1094.

[108] DYE R. Mandatory versus voluntary disclosures: the cases of financial and real externalities [J]. The Accounting Review, 1990, 65: 1-24.

[109] EASLEY D, O'HARA M. Information and the cost of capital [R]. Ithaca, NY: Cornell University, 2001.

[110] EASLEY D, O'HARA M. Information and the cost of capital [J]. Journal of Finance, 2004, 59: 1552-1583.

[111] EASLEY D, HVIDKJAER S, O'HARA M. Is information risk a determinant of asset returns [J]. Journal of Finance, 2002, 57: 2185-2221.

[112] EDWARDS W. Conservatism in human information processing [M] //KLEINMUNTZ B. Formal representation of human judgment. New York: John Wiley and Sons, 1968.

[113] FAMA E F. Market efficiency, long-term returns and behavioral finance [J]. Journal of Financial Economics, 1998, 49: 283-306.

[114] FAMA E F. Efficient capital markets: a review of theory and empirical work [J]. Journal of Finance, 1970, 25: 383-417.

[115] FAMA E F. The behavior of stock market prices [J]. Journal of Business, 1965, 38 (1): 34-105.

[116] FAMA E F, FRENCH K R. The cross-section of expected stock returns [J]. Journal of Finance, 1992, 47: 427-465.

[117] FIRTH M. The relative information content of the release of financial results data by firms [J]. Journal of Accounting Research, 1981, 19: 521-529.

[118] FISHMAN M, HAGERTY K. Disclosure decisions by firms and the competition for price efficiency [J]. Journal of Finance, 1989, 44: 633-646.

[119] FOSTER G. Intra-industry information transfers associated with earnings releases [J]. Journal of Accounting and Economics, 1981, 3: 201-232.

[120] FOSTER G, OLSEN C, SHEVLIN T. Earnings releases, anomalies, and the behavior of security returns [J]. The Accounting Review, 1984, 59: 574-603.

[121] FOSTER G. Quarterly accounting data: time-series properties and predictive-ability results [J]. Accounting Review, 1977, 52: 1-21.

[122] FRANCIS J, SCHIPPER K, VINCENT L. Expanded disclosures and the increased usefulness of earnings announcements [J]. The Accounting Review, 2002, 77: 515-546.

[123] FRANCIS J, LAFOND R, OLSSON P, et al. Information uncertainty and post-earnings-announcement-drift [J]. Journal of Business Finance & Accounting, 2007, 34: 403-433.

[124] FRANCIS J, LAFOND R, OLSSON P, et al. The market pricing of earnings quality [R]. Duke University and University of Wisconsin, 2002.

[125] FREEMAN R N, TSE S Y. The multiperiod information content of accounting earnings: confirmations and contradictions of previous earnings reports [J]. Journal of Accounting Research, 1989, 27: 49-79.

[126] FREEMAN R N, TSE S Y. A nonlinear model of security price responses to unexpected earnings [J]. Journal of Accounting Research, 1992, 30 (2): 185-209.

[127] FREEMAN R N. The association between accounting earnings and security returns for large and small firms [J]. Journal of Accounting and Economics, 1987, 9: 195-228.

[128] FRIEDMAN M. The case for flexible exchange rates [M] //FRIEDMAN M. Essays in positive economics, Chicago: University of Chicago Press, 1953.

[129] FRIEDMAN B M. Optimal expectations and the extreme information assumptions of 'rational expectations' macromodels [J]. Journal of Monetary Economics, 1979, 5: 23-41.

[130] NARAYANAMOORTHY G. Implications of conservatism for the post- earnings-announcement-drift [D]. Rochester, New York: University of Rochester, 2001.

[131] GAO P Y. Keynesian beauty contest, accounting disclosure, and market efficiency [J]. Journal of Accounting Research, 2008, 46: 785-807.

[132] GERVAIS S, ODEAN T. Learning to be overconfident [J]. The Review of Financial Studies, 2001, 14: 1-27.

[133] GIVOLY D, PALMON D. Timeliness of annual earnings announcements: some empirical evidence [J]. The Accounting Review, 1982, 57: 486-508.

[134] BROWN G, KAPADIA N. Firm-specific risk and equity

market development [J] . Journal of financial economics, 2007, 84: 358-388.

[135] GRIFFIN J, HARRIS J, TOPALOGLU S. The dynamics of institutional and individual trading [J] . Journal of Accounting Research, 2003, 15: 71-83.

[136] ROBERTS H. Statistical versus clinical prediction of the stock market [R] . Chicago: Center for Research in Security Prices of University of Chicago, 1967.

[137] HAGERMAN R L. The efficiency of the market for bank stocks: an empirical test [J] . Journal of Money, Credit and Banking, 1973, 5: 846-855.

[138] HEALY P, HUTTON A, PALEPU K. Stock performance and intermediation changes surrounding sustained increases in disclosure [J] . Contemporary Accounting Research, 1999, 16: 485-520.

[139] HIRSHLEIFER D, TEOH S H. Limited investor attention and stock market mis - reactions to accounting information [R] . Columbus: Ohio State University, 2005.

[140] HIRSHLEIFER D, LIM S S, TEOH S H. Disclosure to an audience with limited attention [R] . Columbus: Ohio State University, 2004.

[141] HIRSHLEIFER D. Investor psychology and asset pricing [J] . Journal of Finance, 2001, 64: 1533-1597.

[142] HIRSHLEIFER D, TEOH S H. Limited attention, information disclosure, and financial reporting [J] . Journal of Accounting and Economics, 2003, 36: 337-386.

[143] HONG H, STEIN J C. A unified theory of underreaction, momentum trading and overreaction in asset markets [J] . Journal of Finance, 1999, 54: 2143-2184.

[144] HONG H, TOROUS W, VALKANOV R. Do industries lead stock markets [J]. Journal of Financial Economics, 2007, 83: 367-396.

[145] HOU K, MOSKOWITZ T. Market frictions, price delay, and the cross – section of expected returns [J]. Review of Financial Studies, 2005, 18: 981-1020.

[146] HUBERMAN G, REGEV T. Contagious speculation and a cure for cancer [J]. Journal of Finance, 2001, 56: 387-396.

[147] HUGHES J, LIU J, LIU J. Information asymmetry, diversification, and cost of capital [J]. The Accounting Review, 2007, 82 (3): 705-730.

[148] IJIRI Y, JAEDICKE R K, KNIGHT K E. The effects of accounting alternatives on management decisions [M] //JAEDICKE R K, et al. Research in Accounting Measurement. Chicago, IL: American Accounting Association, 1966.

[149] IMHOFF E A, LOBO G J. The effect of ex ante earnings uncertainty on earnings response coefficients [J]. The Accounting Review, 1992, 67: 427-439.

[150] FRANCIS J, LAFOND R, OLSSON P, et al. Accounting anomalies and information uncertainty [R]. Duke University and University of Wisconsin, 2003,

[151] JENSEN R E. An experimental design for study of effects of accounting variations in decision making [J]. Journal of Accounting Research, 1966, 4 (2): 224-238.

[152] JIN L, MYERS S. R2 around the world: new theory and new tests [J]. Journal of Financial Economics, 2006, 79: 257-292.

[153] JORGENSEN B, KIRSCHENHEITER M. Voluntary sensitivity disclosures [R]. New York: Columbia University, 2007.

[154] JOY O M, LITZENBERGER R H, MCNALLY R W. The adjustment of stock prices to announcements of unanticipated changes in quarterly earnings [J] . Journal of Accounting Research, 1977, 15: 207-225.

[155] KAHNEMAN D, RIEPE M. Aspects of investor psychology [J] . Journal of Portfolio Management, 1998, 24: 52-65.

[156] KAHNEMAN D. Attention and effort [M] . Englewood Cliffs, NJ: Prentice-Hall, 1973.

[157] HOU K W, PENG L, XIONG W. A tale of two anomalies: the implications of investor attention for price and earnings momentum [R] . Ohio State University, Baruch College, Princeton University and NBER, 2008.

[158] KLEIN A. A direct test of the cognitive bias theory of share price reversals [J] . Journal of Accounting and Economics, 1990, 13: 155-166.

[159] KNIGHT R F. The association between published accounting data and the behavior of share prices [D] . Cape Town: University of Cape Town, 1983.

[160] KROSS W. Earnings and announcement time lags [J] . Journal of Business Research, 1981, 9: 267-280.

[161] KROSS W, SCHROEDER D A. An empirical investigation of the effect of quarterly earnings announcement timing on stock returns [J] . Journal of Accounting Research, 1984, 22: 153-176.

[162] KURTZ M. On the structure and diversity of rational beliefs [J] . Economic Theory, 1994, 4: 877-900.

[163] LA PORTA R. Expectations and the cross-section of stock returns [J] . Journal of Finance, 1996, 51: 1715-1742.

[164] LAMBERT R, LEUZ C, VERRECCHIA R E. Accounting

information, disclosure and the cost of capital [J] . Journal of Accounting Research, 2007, 45; 385-420.

[165] COHEN L, FRAZZINI A. Economic links and predictable returns [J] . Journal of Finance, 2008, 63: 1977-2011.

[166] LAVIE N, COX S. On the efficiency of visual selective attention: efficient visual search lead to inefficient distractor rejection [J] . Psychology Science, 1997, 8: 395-398.

[167] LAVIE N. Perceptual load as a necessary condition for selective attention [J] . Journal of Experimental Psychology, 1995, 21: 451-468.

[168] LAVIE N, FOX E. The role of perceptual load in negative priming [J] . Journal of Experimental Psychology, 2000, 26: 1038-1052.

[169] LEUZ C, VERRECCHIA R E. Firms' capital allocation choices, information quality and the cost of capital [R] . Philadelphia, PA: University of Pennsylvania, 2004.

[170] LEWELLEN J, SHANKEN J. Learning, asset - pricing tests, and market efficiency [J] . Journal of Finance, 2002, 57 (3): 1113-1145.

[171] LIANG L. Post - earnings announcement drift and market participants' information processing biases [J] . Review of Accounting Studies, 2003, 8: 321-345.

[172] MAINES L, HAND J. Individual perceptions and misperceptions of time - series properties of quality earnings [J] . The Accounting Review, 1996, 71: 317-366.

[173] MAY R G. The influence of quarterly earnings announcements on investor decisions as reflected in common stock price changes [J] . The Journal of Accounting Research, 1971, 9 (Supplement): 119-163.

［174］ MCLEOD P. Parallel processing and the psychological refractory period［J］. Acta Psychologica, 1977, 41: 381-391.

［175］ MENDENHALL R. Evidence on the possible under - weighting of earnings-related information［J］. Journal of Accounting Research, 1991, 29: 170-179.

［176］ MERTON R. A simple model of capital market equilibrium with incomplete information［J］. Journal of Finance, 1987, 42: 483-510.

［177］ MIKHAIL M B, WALTHER B R, WILLIS R H. The effect of experience on security analyst underreaction［J］. Journal of Accounting and Economics, 2003, 35: 101-116.

［178］ MILLER E M. Risk, uncertainty, and divergence of opinion［J］. The Journal of Finance, 1977, 32: 1151-1168.

［179］ MORAY N. Attention in dichotic listening: affective cues and the influence of instructions［J］. Quarterly Journal of Experimental Psychology, 1959, 11: 56-60.

［180］ MORCK R, YEUNG B, YU W. The information content of stock markets: why do emerging markets have synchronous stock price movements［J］. Journal of Financial Economics, 2000, 58: 215-260.

［181］ MORRIS S. Speculative investor behavior and learning ［J］. Journal of Finance, 1996, 32: 1151-1168.

［182］ MORRIS S, SHIN H S. Social value of public information ［J］. American Economic Review, 2002, 92: 1521-34.

［183］ MULLAINATHAN S. Thinking through categories［D］. Cambridge, MA: Massachusetts Institute of Technology, 2000.

［184］ NG J. The effect of information quality on liquidity risk ［R］. Philadelphia: Wharton of University of Pennsylvania, 2008.

[185] OHLSON J. Earnings, book values and dividends in Equity Valuation [J]. Contemporary Accounting Research, 1995, 11: 661-687.

[186] PATELL J, WOLFSON M. The ex ante and ex post price effects of quarterly earnings announcements reflected in option and stock prices [J]. Journal of Accounting Research, 1981, 19: 434-458.

[187] PENG L. Learning with information capacity constraints [J]. Journal of Financial and Quantitative Analysis, 2005, 40 (2): 307-329.

[188] PENG L, XIONG W, BOLLERSLEV T. Investor attention and time-varying comovements [J]. European Financial Management, 2007, 13: 394-422.

[189] PENG L, XIONG W. Investor attention, overconfidence and category learning [J]. Journal of Financial Economics, 2006, 80: 563-602.

[190] PINDYCK R, ROTEMBERG J. The comovement of stock prices [J]. Quarterly Journal of Economics, 1993, 108 (4): 1073-1104.

[191] RABIN M. Inference by believers in the law of small numbers [J]. Quarterly Journal of Economics, 2002, 117: 775-816.

[192] RENDLEMAN R J, JONES C P, LATANÉ H A. Further insight into the standardized unexpected earnings anomaly: size and serial correlation effects [J]. Financial Review, 1987, 22: 131-144.

[193] BERNSTEIN R. Style investing: unique insight into equity management [M]. New York, NY: John Wiley & Sons, 1995.

[194] ROSCH E, LLOYD B B, et al. Cognition and categorization [C]. Hillsdale, NJ: Lawrence Erlbaum, 1978.

[195] KORNBLUM S, et al. Attention and performance IV

[C] . 2nd ed. New York: Academic Press, 1973.

[196] GROSSMAN S J, STIGLITZ J E. On the impossibility of informationally efficient markets [J] . The American Economic Review, 1980, 70 (3): 393-408.

[197] SHEFRIN H. Beyond fear and greed: understanding behavioral finance and the psychology of investing [M] . Boston: Harvard Business School Press, 2000.

[198] SHILLER R J. Speculative prices and popular models [J] . Journal of Economic Perspectives, 1990, 4: 55-66.

[199] SHILLER R J. Comovements in stock prices and comovements in dividends [J] . Journal of Finance, 1989, 44: 719-729.

[200] SIMONS D J, LEVIN D T. Change blindness [J] . Trends in Cognitive Sciences, 1997, 1: 261-267.

[201] SLOVIC P, LICHTENSTEIN S. Comparison of Bayesian and regression approaches to the study of information processing in judgment [J] . Organizational Behavior & Human Performance, 1971, 6: 649-744.

[202] SLOVIC P. Psychological study of human judgment: implications for investment decision making [J] . The Journal of Finance, 1972, 9: 779-799.

[203] STROOP J. Studies of interference in serial verbal reactions [J] . Journal of Experimental Psychology, 1935, 18: 643-662.

[204] SWENSEN D. Pioneering portfolio management [M] . New York: The Free Press, 2000.

[205] TIMMERMAN A. How learning in financial markets generates excess volatility and predictability in stock prices [J] . The Quarterly Journal of Economics, 1993, 108: 1135-1145.

[206] TREISMAN A, DAVIES A. Dividing attention to ear and eye [M] //KORNBLUM S, et al. Attention and performance IV. 2nd ed. New York: Academic Press, 1973: 101-117.

[207] KAHNEMAN D, TVERSKY A. Prospect theory: an analysis of decision under risk [J]. Econometrica, 1974, 47: 263-291.

[208] VERRECCHIA R. Essays on disclosure [J]. Journal of Accounting and Economics, 2001, 32: 97-180.

[209] WATTS R, ZIMMERMAN J. Towards a positive theory of the determination of accounting standards [J]. The Accounting Review, 1978, 53: 112-134.

[210] WELKER M. Disclosure policy, information asymmetry, and liquidity in equity markets [J]. Contemporary Accounting Research, 1995, 11 (2): 801-882.

[211] WIGGINS J B. The earnings – price and standardized unexpected earnings effects: one anomaly or two [J]. Journal of Financial Research, 1991, 14 (3): 263-275.

[212] WILSON R, KEIL F C, et al. The MIT encyclopedia of the cognitive sciences [C]. Cambridge, MA: The MIT Press, 1999.